金色晚霞下

（二）

僑窗觀景異鄉感懷集

周俊良 著

文 學 叢 刊

文史哲出版社印行

國家圖書館出版品預行編目資料

金色晚霞下.二：僑窗觀景異鄉感懷集 /
周俊良著. -- 初版. -- 臺北市：文史哲，
民 102.03
　　頁：　公分.（文學叢刊；282）
　　ISBN 978-956-314-084-9　　（平裝）

855　　　　　　　　　　　102001978

文學叢刊　282

金色晚霞下（二）

僑窗觀景異鄉感懷集

著　　　者：周　　俊　　良
出 版 者：文 史 哲 出 版 社
http://www.lapen.com.tw
登記證字號：行政院新聞局版臺業字五三三七號
發 行 人：彭　　正　　雄
發 行 所：文 史 哲 出 版 社
印 刷 者：文 史 哲 出 版 社
臺北市羅斯福路一段七十二巷四號
郵政劃撥帳號：一六一八〇一七五
電話886-2-23511028 ‧ 傳真886-2-23965656

實價新臺幣二八〇元

中華民國一〇二年（2013）三月初版

金　色　晚　霞　下
（二）
── 僑窗觀景異鄉感懷集

目　　次

序　言

　　為《金色晚霞下 ── 僑窗觀景散文雜萃集、異鄉感懷集、杏林散論集》三書作自序（老年學寫二十七載）。

　　三十三年前在台灣，剛到達可退休年齡，就和當年的交通部電信總局，說聲拜拜，攜家帶眷來到了這人生地不熟的所謂「外國」。

　　當時號稱華人眾多的法拉盛，所能見到的黑頭髮黃皮膚族人，在十個行人中才不過三兩個，就已經被老外稱為第二「中國城」了。其實這個中國人才佔到兩三成的城鎮，似乎尚不夠格被稱為「中國城」。然而，時至今日，這塊我華人又喜稱之為「發達盛」的馬桶沖洗（Flushing）地上，中國人已經多得不僅可以稱得上「中國城」，甚至簡直像個龍傳人的「殖民」地了。

　　我之所以將其比喻成殖民地，是因為後來陸續來到此地的華人，一落下腳，就一點都沒有已經置身於「外國」的感覺，而倒像是到了國內的某個異地城鎮而已。在這裡，可以吃到中國家鄉菜、說中國話、讀中國報或看中文電視；甚至粗口罵人也會用得上咱們的「國罵」。原來在本鄉本土的一切生活陋習，也都可入境俗隨，肆無忌憚地我行我素。那些國內的土豪劣紳、地痞流氓、惡棍騙徒等，也可寄生在這裡橫行霸道，而且與日俱增

地繁衍著。不管是合法的，還是偷渡來的，一旦進得港來，就無視於「洋人」之存在了。

轉眼間，在這裡已足足過了卅多個寒暑；記得才初來不久，就發現我沒有能耐也沒有資格在這大千世界裡充當寓公。故而到此才三兩個月，就拖著病癒未久的身軀到處去「聞工」（搵工）（粵語找工之意）。回顧當初，由於缺乏在地工作經驗，加上語言溝通不暢，想找到個與原來本行相若的工作，簡直難似緣木求魚。當時，除餐館洗碗工沒敢去碰外，其他諸如為店家站街叫賣、搬運貨物、管理倉庫等，都曾到處去「聞」過；然而，老闆們見到我，比他們還像個老闆；這樣的四處奔波去「聞」的結果，當然是無「工」而返。

斯時，凡本地中文報刊上的招人廣告，都一字不漏地天天盯著看，終於有一天皇天不負苦心人，讓我找到一份「文員」工作；那是在一家西人所開的珠寶郵購公司，當一名騙死人不償命的幫兇。儘管所得工資只比法定最低工資多上一兩成，但我呷到了的頭路（台語，找到的工）還總算是個「文員」。

一面幫兇照做，一面仍然不斷地狩獵著其它工作；不久根據世界日報的報導，倒又聞到一份「文氣」味更濃郁的「助教」工作。此一公立高中雙語教育中心的所謂助教，相當於台灣高中裡的幹事；不過我實際幹的，倒是為該中心將高中數理科英文教材譯成中文的真正「文」員。

翻譯官幹了不久，那位女博士老闆見我年紀一把，且在國內公私立大專院校也曾兼任過教職，現在竟然委

曲至此，實在為我叫屈不已；蒙她啓善心，大力鼓勵我到紐約市教育廳考得了一張可以進教室當猴子王的物理教師執照。當上「教師」，不單待遇要比當「助教」為高，還給我過了一陣子為人師表的癮。

時至 1985 年，由於對這萬花筒般的花花世界已稍為熟悉了一些，復在百分之十的機率下，以高分考上了待遇比較更為優渥的聯邦郵政機構，在 JFK 航郵中心當一名高級電子技術員。自此，山姆大叔又整整養活了我一家老小十年；第二度退休時，已年屆六十又六。

在郵局所擔任的工作，與我原來的本行（通信技術）還算相近，平常輪值（以小夜班居多）時，推著工具箱躲到大型機器後面，聽候呼叫（用無線呼叫器）差遣，去排除各種自動分信機器設備的故障。一天八小時班務內，被呼叫的次數並不頻繁；為打發前半夜空閒時的無聊、孤寂，遂興起伏在工具箱上學塗鴉鴉的念頭。

因為我打從念初中起，到大學畢業的求學期間，所接受的都是有關工程技術方面的教育，對文史課業較少獵及；每當上作文課時，那支筆就有千斤之重。不但自幼所學就是工程技術，畢業後從事的也屬「黑手」（台灣對技術工作者之暱稱）工作。就業後除了偶而編擬些計劃書、工作報告等外，很少有書寫長篇文字的機會。到後來擔任職位比較高時，更只需在公文書上畫幾個諸如閱、如擬、可、准等，官腔字樣就可。爾今要我寫「文章」，那得要從頭自學起。

起初，在我自己研發成功的中文電腦輸入法尚未能付諸實際應用之前，只能求諸紙筆來塗塗寫寫。先將所

識的幾個方塊字左勾右劃地拼成辭句，繼而再串起來構成段落。在短短一篇文章的寫作過程中，往往弄得滿地都是紙屑紙團。要使文字看得順眼，還得一再騰清；若要投稿，更要騰正到傳統式的稿紙上後方能投郵。到電腦能為我「執筆」之後，雖然文章還是寫得沒有什麼長進，但得到電腦的種種優異功能之助，大大地增加了我作文的意願。

開始所寫只是些個人的浮生雜記；其目的只是留存自賞，或留給兒女作為紀念，而並沒有去賺幾文稿費的念頭，更不敢有當作家的妄想。稍後，以退休同仁身份，試著向台灣原服務單位的刊物寄去一些「海外通訊」之類的文稿，竟然屢蒙採用，並獲稿酬，由此鼓起我試向本地報刊投稿的勇氣。

適逢此時，本社區有個頗具影響力的時報（週報）才創立不久，我戰戰兢兢向其出擊；經幾次試探，竟然讓我進得其門，而成為每週至少一篇的供稿者。雖然稿酬總是掛在他們的帳上，我卻有了一塊可任意栽種的園地。人家八十歲學吹鼓手，未必能識得譜兒；如今我年近花甲才來學塗鴉，當然也不會懂得什麼「章法」。承蒙報老闆寬待並指引，讓我在他這塊園地裡高興得隨地打滾。因園地寬闊，我就什麼題材都寫，不過多以親自所見所聞，形形色色的社會百態為主題；卻很少虛構故事來無病呻吟。

該報聲譽日隆，廣受廣大讀者喜愛。稍後，報老闆鑒於社會大眾對讀物之鍾愛與渴慕，逐又增加了一名為「茶餘飯後」的雙日刊，使我這行外的供稿者，也體味

到所謂「趕稿」的情趣。

後來不知因何緣故，該時報突然從本社區銷聲匿跡，我那塊正辛勤耕耘的良田也隨之而去，使我有頓失棲身之所的感受，好不惆悵。多時來好不容易培養成的塗鴉興趣，實在不捨其遽然褪去；為要繼續滿足個人發表慾，就試行另找園主。於是向諸如「海外學人」等其它報章雜誌，甚至網站等投石問路。稍後，單就世界日報的家園版、世界副刊、上下古今、讀者投書或迴響欄等園地裡，也時有小名（或鐵夫、或景亮，或金亮、或本名周俊良）的出沒。

自從年近花甲開始學寫起，到年屆八十的二十多年間，我在電腦記憶體裡灌進的中國字，連傳紀性報導和科技性論述在內，約有近百萬之多。曾在各種刊物登載過的散雜文也毛有四五十萬之譜。其內容大致包括浮生雜記、祖國行腳、僑窗見聞—僑社百態、眾生相、杏壇外記 —— 有教無類、時感隨筆、莞爾集等篇章。有些如我見我聞之類的篇章，分類集合來，可印成供新移民參考的手冊。

三年前，當年屆八十之際，曾想出一本文集作為自我慶生之紀念。但因為篇幅過於龐大，難以容納於一冊。經再三取捨，我只將透過「僑窗」所見所聞的篇章印成初稿，經數算結果仍嫌太多，逐又將未在各報章雜誌出現過的篇章予以剔除，而使篇數減少。

從這本「僑窗觀景」文集裡可見，所有的篇章，都在這二十多年間，曾先後在各種刊物上登載過（在每篇結尾都註有刊物名稱和日期）。經以此原則再篩檢後，

仍有百餘篇之多。編排時將這百餘篇章分成諸如浮生雜記、人世間、僑窗見聞、眾生相、杏壇外記、生活隨筆、感懷記事、以博莞爾、遊踪萬里、街頭巷尾、美國公立中學教育制度種種等類；在同類篇章中又多以刊登日期為其先後。

　　我之所以要選擇被各報刊雜誌採納而刊登過的篇章，一方面可以此限制數量，另一方面認為，既然所有篇章都曾由報章採納登載過，也就增添了印此文集的信心與勇氣。

　　另外，今次為《金色晚霞下 ── 僑窗觀景散文雜萃集、異鄉感懷集、杏林散論集》三書之印行，也有點受到外來因素的催化。因為我常在友朋間提起，近來在中文刊物上時常見到有關僑社的新聞、報導、議論、華僑生態乃至子女教育問題等，其中有許多是我多年前，就曾在各報紙雜誌論及過的類似話題。如今此一小冊之印出，也正巧可證明我所說不虛。

　　我原不是個文人，也不是個作家，塗鴉鴉只是我晚年的興趣，文章能見報便是我的滿足。對於出書，我是外行，實在感到惶恐；尚請各位大師、方家和讀者大眾，不吝指正、鼓勵是幸！

　　　　　　　　　　八四老人　**鐵夫**　謹識

第一篇　浮生雜記

西洋鏡照金亮

金　亮

　　五年前，我剛從台灣來美國定居時，由於無論物質生活或精神文明都因文化背景之差異，而與國內有所不同，很想就個人初到貴寶地的感受寫些所見所聞，以慰國內關心我的長官親朋。當時雖然並無投靠（稿）目標，野心卻很大，想能不斷地寫，寫多了，將來就可「集」合成冊，以供自賞，既然有雄心「集」成冊子，從開始就為此「集」定了一個「西洋鏡集」的名稱。並且也學文人雅士，為自己取了一個筆名叫「金亮」。

　　在這個帶有俗氣的集名與充滿珠光寶氣的筆名下，確曾寫了好幾篇個人報導：諸如「八仙過海，各顯神通」（描述從離開祖國到達新大陸之前，在途中所見多種不同的背景，且以各種不同的方法奔向新大陸的同路人之眾生相），與「不聽老人言，吃苦在眼前」（敘述初到紐約受騙上當，賠上棺材本的痛苦經歷）等。

　　對於那俗不可耐的集名與筆名，也曾有過詳細的「辯護」，可惜在我搬家的時候，不知將那些文稿「珍藏」

到什麼「安全地帶」去了。

　　我之為「集」定名，其目的只是想為我的報導勾劃出一個範疇，並表現出為文的基本態度。我所以之用「鏡」，無非是要將我所見所聞，從「鏡」子裡反射出來。想由這面鏡子的功能限制，使其內容只能以具體且實在的事物為主題，而不致有無中生有，或虛構故事。至於此鏡前面冠以「西洋」兩字，並不意味著這是將被拆穿的西洋鏡，而是意指此鏡之位置在西洋，射出來的景物是要給國人看的。

　　它是面位在西洋的鏡子，僅是一面普普通通的「平面」鏡，它不會像哈哈鏡那樣將事物歪曲得變幻莫測，不會像望遠鏡可遙望前途，也不會像放大鏡那樣將事物誇張放大；它不具備像潛望鏡能窺視敵情或別人隱私的能力，也沒有顯微鏡那樣能觀察入微，明察秋毫的功能，當然也缺乏像照妖鏡可使那些鼠輩或妖魔鬼怪無法遁形的法力。我說這面西洋鏡僅僅是一面平面鏡。我只希望永遠將它擦拭得亮亮的，放得端端正正的，使得照出來的事物不致模糊不清　，或有所偏離。

　　至於我之要用筆名，其實並不是真的要學習那些文人雅士之雅興，何況那金光閃爍，珠光寶氣，一看就倒胃口的名字，用了它又何雅之有呢？我用筆名的真正原因，是要隱姓埋名。因為我移民來美的原因之一，就是要使原有社交圈中的人將我漸漸淡忘。其次，是因為我在報導中將偶而提及一些相關人物，若用筆名寫來，也

許會避免一些不必要的困擾。

　　說起「金亮」，那不是我父母為我取的名字，也不是到姓名學家那裡求來的，更不是我自己往臉上貼的，而是台北一位銀行家所誤賜的。此事經過說來倒蠻有趣，現在我就想用這一段故事來結束這一「集」的卷頭語。

　　大約在十年前，我還在台北某交通事業單位工作，那時我正以自己既無靠山背景，又無顯赫學歷，在不諂媚，不吹拍的情形下，能居一級主管之職而慶幸，甚至自鳴得意之際，那位新到任的首長，在其垂簾聽政的數嫁夫人唆使之下，明目張膽地大攬其順者昌，逆者亡的恐怖大搬位政策。由於我是從公二十多年來，從不攀龍附鳳，而是奉公守法，潔身自愛的技術人員，卻佔了毛坑不能為他拉金屎，當然要被視為眼中釘肉中刺而非被列為放逐份子不可了。在他處心積慮地安排之下，那一天終於來臨。當天蒙召時，承他仁心仁德，給了我兩個選擇一是下放外地升官為局長，一是上調總局進冷宮當工程司。他並以貓哭耗子的菩薩面孔大力勸我去當那他以為既有權又有勢，而且簡直前途無量的局長。當時他以為我會感激涕零，下跪謝恩接旨的，順手就從抽屜中取出那御筆親書的手諭擬交於我。如果我一時衝動接下條諭，非但那位「賽江青」要將我那一級主官的位子讓給她認為既合作又順從的乞憐者的陰謀得以順利得逞，同時也達到了他既打了狗又順了毛的目的。那知道我當時我只花了三秒鐘的思索（其實只是用來想出兩句不致

傷感情的話回絕他）婉謝了他的美意（真正不願意接受的原因，是實在不想再見到他那金戒子戴在大拇指的寶貝德性，因為在外局當局長還是在他掌握之下，以後由於業務需要，還是逃不了他的鼻息）而進了前途無亮的冷宮。

　　所謂世態炎涼，對從沒有進過冷宮的人而言，非但無法言傳，也難以意會的。不過對我而言，進入冷宮倒不失為一避免災難的好去處。我自出校門以後二十多年來，縱然未能為該事業創下偉大的功績，但我畢竟已將人生最菁華的一段青春都已投注於原以為可以終身相許的那事業。于今事業居然如此之對待於我，使我猛然理解到這就是塵世。我既已年過中年，本來早就應該懂得世故，可是我又總是堅持自己為人之原則而不願隨波逐流。現在正值驚濤駭浪，隨波翻騰而不能自制之際，突然給我一個看破紅塵的機會，並且讓我有個安靜的避風港，故能以進入冷宮，豈不得其所哉。冷宮寒氣固然逼人，但我還沒有來得及有落寞之感，就和工程司室的年輕同道到台灣大學去充電 ── 進修我以前未曾學過的電腦課程了。數月下來倒也覺得悠悠自得，並且有了就此落定終老之念。誰知命運就是這樣會捉弄人，那冷板凳還沒有坐暖，我那位已退休數年的老長官，突然受到中央之託，要征調我去擔任一電子公司之總經理。我雖然不願才進空門就還俗，但在種種難以抗拒的精神感召以及那位老長官護駕　擔任顧問為條件之下，只得從容就

義，去接受那與原來工作迥然不同的新挑戰了。

　　那是一家規模不算小的精密電子公司，廠裡員工數以百計，器材買進，產品銷出，動輒以百萬元計。不久，在工商界居然也常有我的蹤影，就連在美國出版的名人錄裡也將我的大名和蔣經國先生列入了同一期的世界名人榜，稍後，由於我經蒙得天之助，使原來已經奄奄一息的公司大有起色，並漸漸進入轉虧爲盈的佳境。令原來視該公司爲拒絕往來戶的銀行界轉而視爲大力爭取的好客戶。從卑視而轉爲哈腰奉承者也大有人在。使從冷宮出來的我，漸漸感到陣陣熱騰騰的銅臭味：當我爲公事再進出那原單位時，居然覺得四週的氣氛不再那麼冷峻，甚至帶有絲絲煩熱，這大概就是冷暖人間現實。

　　時有台北某大銀行經理，爲我那位護駕顧問之東床，也透過其泰山關係，要設宴款待我這大總經埋，以增其光采。先以電話聯絡講妥，並說明請帖後到。時至請客當天上午，我那位老長官手持一封信，面帶慍色，氣急敗壞地從隔壁辦公室過來，連聲數落他那位身爲銀行經理的愛婿之不是，並頻頻向我表示抱歉之意，使我丈二金剛摸不到頭，不知到底是怎麼一回事。等我問明原因才曉得，原來那請帖上我的名號寫成我原名的諧音「金亮」了。他老人家認爲發帖請人赴宴，將人姓名寫錯是極大的不禮貌的事情，尤其銀行經理將衣食父母的大客戶的大名寫錯豈不是大不敬嗎？難怪他如此講究在乎！

　　起先我並不十分在意人家無意的過失，不過對我用

「金亮」相稱一點，倒極爲厭惡。因爲我本來的大名，極爲華麗大方，放諸四海也稱得上是堂皇而不俗，現在居然被自己從來就卑視的珠光寶氣所污染，對我豈不是一種莫大的侮辱。當時只因爲這一錯誤是出自那位長官的愛婿，不便顯出不悅之色，只以苦笑置之。可是，他老人家卻越講越氣，要當我面拿起電話來加以教訓，當時我想，他那愛婿也是堂堂銀行經理，同時我們之間也相當熟識，豈能因爲這區區小事受到難堪，尤其是起因於寫錯了我的名字，我實在於心不忍。我立即轉變語氣爲他開脫。我說：「雖然令婿與我也相當熟識，但熟朋友彼此不知對方大名的是常事，其實我也不記得他的大名如何寫法，今天他能以我原名諧音相稱，至少還知道我「叫」什麼，已非易事，至于他獨選「金亮」爲贈，我想他以爲我既混跡商場做生意「賺錢」，以常聽到的我的名 CHUN-LIANG 音譯爲「金亮」應該是八九不離十的。尤其在金融界與工商界中，這種金光閃爍的名號比比皆是，他爲我想出這個名字不足爲奇，非但不能說他是錯，而對他豐富的想像力應予以嘉勉才是……」此時，他老人家怒氣已消去大半，稍後我又告訴他：「我現在既然在工商界活動，這個名字也許會給我帶來幫助，甚至也許有一天我會喜歡上它。」到此他老人家如釋重負地哈哈大笑，而笑得如此開懷。但是他決沒有想到我會在遠離銅臭味來到這個金元王國後會真的喜歡上了「金亮」。

　　我對於「金亮」二字起先是厭惡與苦笑，後來是無可奈何地自嘲，最後終於喜歡上了它。我之更喜歡它，大概是因為來到這金元王國後，發現此地滿地黃金，處處以「金」是瞻的關係。來此後，連我這個原以為可隱居退休而不再為五斗米折腰的酸不溜溜，也不得不再度憑本事為「金」錢而奔波；甚而真恨不得滿身都沾些「金」氣，沾得越多越好。如果能「金」得發光發亮，豈不是更過癮！所以我現在更喜歡「金亮」，它既可為我隱名埋姓，又為我帶來好的彩頭。至少，它可能為我帶來爬此格子的稿酬。

【美東時報】
1987-03-30

上海赴台「趕考」記

鐵　夫

　　我是在民國三十六年到台灣的，那是爲了「負笈」 ── 求學，並不是後來隨軍撤退而去的。

　　我所以之要到台灣去「留學」，倒並不是在政治上有什麼偉大的遠見，而是因爲國內時局不定，無法安心念書；其次，「逃婚」也是我離鄉背景的主要動力。

　　至於怎「敢」到一個完全陌生，卻無親無靠的台灣去的；其原因是受了一位在前一年偶然機會遇到的程教授的鼓勵。那時他是剛從德國回來的物理學博士，台灣大學的教授；因回鄉探親途經上海，在我家打尖而相識。那時他極力鼓勵我於次年到台灣大學去升學。

　　第二年就是民國三十六年初與他聯絡時，得知他已轉往我們的母校前身，台南工學院（那是他來信信封上的名稱），擔任共同科（物理、數學）主任；於是他又極力慫恿我改考他當時所任教，卻已改了稱謂的「台灣省立工學院」。

　　他爲解除我對陌生異地的恐懼，在信中還答應幫我

在初到時，如何適應環境；甚至強調，假設當我到達時而他適巧不在，他也將交代校方將他所住宿舍讓我暫住。他更鼓勵我結伴而行，當然也會一樣照顧我的同行者。既然如此，我就邀了同班同學劉兄，和他鄉親好友孫兄，一同踏上征途前去趕考。

那時，我們只知道台灣是在東南方的一個島嶼，對於它的地理環境、風土人情、政治背景茫無所知；二三月間雖然在報端見過有關事變的報導，但一點也沒有感覺到那些台北、台中、嘉義、高雄等地所發生的事情，與我們即將要去的台南距離有多遠，有什麼關聯；因而我們的「毅然」成行，不是由於「膽大」而是出於「不知」。

我們三個毛頭，頭一次飄洋過海，乘的是當年算是相當高級的「中興輪」；開航之初風平浪靜，感到還平穩舒適。原來預計兩天一夜的航程，就可到達基隆碼頭的；不料半途遇到颱風，那平底的「中興輪」可將原就暈船的我，整得七葷八素，在狂風巨浪中被折騰了四天四夜。

在這四晝夜間，船上的報務員，常來陪我們聊天，並介紹台灣種種，藉以解除我們對風浪之驚恐；但當他詳說數月前的二二八事變光景時，害得我們都有「上了賊船」進退不得的懊惱和無奈。

登得岸來，本來預計就在基隆上火車直奔台南，奈因此次能將火車頭從八堵吹到台北的颱風，非常強烈，

全線的交通也因而癱瘓；無可奈何，當天只好在基隆仁一路河邊找了個矮平房日式旅店住下，預備第二天再作打算。

因為四天來一直在海上隨巨浪沉浮，一上岸頓有腳踏實地、回歸大地之感；劉兄見到滿街香蕉與刨冰更是興奮不已；就在尋找旅店途中他簡直是逢攤必吃，在短短一段時間內，吃了他當時有生以來所吃過的冰和香蕉的總和，好不痛快！但到當晚，他卻因過量吃了香蕉與刨冰，加上水土不服，他病了而且還發燒，於是將我們陷入了愁境。

次日午後，聽說全線雖仍無法通車，但從基隆到台北的區間車已經恢復；因鑒於住旅店太貴，不宜多耽（至少未有此預算），於是想到台北去投奔台大宿舍。到了台北，只見一片戰後景象；我們不知道台大位於何方，距車站有多遠，更不知道如何去法，只好用肢體語言與黃包車伕打上交道。幾經指手劃腳，他總算表示知道，而樂意拉我們前去；可是當時一片淒涼的車站前，只有他一部人力車在；逼不得已，我們決定讓病中的劉兄和三件行李上了車，我與孫兄則在車後，像瘋子一般「追趕」；回想起來，這實在是幅令人捧腹的一幕；當然，這樣倒也為我們省掉一筆預算外的開銷。

現今回想起當時，在「市區」才奔跑了一會，就見到兩旁有莊稼和稻田；原來，現今的羅斯福路二段以上，那時都是一片田地。當時我們感覺到是在向著烏雲密佈、

雷聲隆隆的山區跑，真擔心在半路上大雨臨頭，會弄得三人一齊病倒。幸好一路上只聽雷聲響，未見雨下來。

　　傍晚前到達了台大的學生宿舍區，因為暑假期間，既看不到辦公人員，也見不到宿舍的負責人，在整棟房子裡，好不容易找到一位有家未歸的住宿同學；經他指點，我們可任意找間合適的暫時住下。我們逐間看了一下，有的疊疊米被割破得支離破碎，有的在原住人離開時撒了屎或尿（至今還無法理解當時是個什麼風俗）。當晚我們就在這個無人管理的宿舍裡住了下來喂蚊子。

　　當晚吃飯是怎麼解決的，因為時已久不復記憶，只記得第二天早上要找碗稀飯給病中的劉兄吃，可費煞了週章；一來因為暑假期間，附近根本找不到有賣早餐的飲食店，二來因為語言不通，無法說明什麼是「稀飯」；再說，即使找到民宅，發現他們為了好幹活，早上吃的多是乾飯。最後找到一個家庭，他們總算弄懂了我們的來意，很熱心地用乾飯泡水再煮熬成一滿漱口杯（搪瓷的，很大）「稀」飯。

　　那天，孫兄按圖索驥，找到一位在台北電報局任職的小同鄉，許先生；他很熱心地招呼我們，當晚還請我們到中山堂看了一場，現在已經記不起什麼名字的話劇。在此時此地，這種遭遇下能見到許先生，猶如在茫茫大海中見到一片綠地一樣興奮；他不只請我們吃頓飯看場戲，他還告訴我們許多未曾想到過的事物；尤其當他對我們做出「以後隨時可找他」的允諾時，我們從心

底裡發出的激動與踏實的安全感，實在不是用言詞所能形容的。

　　大概是在台北的第三天，得到全線通車的消息，三人就漏夜趕車南下；乘的是那一班車已無法記憶，不過依稀記得我們坐的是三等慢車；自台北到台南一共花了約摸十二三個小時，從黑夜到次日午後，一路昏昏沉沉，經過的站叫什麼名字，它的地理位置如何，都沒有什麼概念，也不可能知到它；不過在黑夜裡突然感覺有段時間火車倒開了起來，倒有點令人驚惶失措，忐忑不安；但當時又奈何不得，只能任憑擺佈。

　　從台南站坐人力車到達學校，已經是午後時分；第一件事當然是要找到我的 SPONSOR 程教授，想先落下腳來再說；豈料一經詢問，程教授剛於前幾天回上海去了，何時回來不得而知；雖然他曾告知有關人員說我們會到；但並未交代要將他宿舍讓我們暫住。這下可將我們拋入霧里雲中，急得不知所措。幸好教務處有位吳先生，他人好而很熱心，同時能說「北京話」，在他張羅之下，將我們安置在學校附近一間叫鯤鯓的客棧裡，等待參加兩三天後即將舉行的入學考試。

　　程教授與我們在上海到台灣的路上失之交臂，他萬萬沒有想到，對三個從未出過遠門的大小孩，造成多大的衝擊和困擾。我們本來由於有他做靠山，想參加入學考試後，就等待開學念書了（因為即使考不取，還有「先修班」可念）；所以一切計劃，無論是經濟來源，甚或

行裝配備方面，都是依照「即將待下」的打算所訂定的。現在既然計劃被破壞，而且所帶盤纏因風災受阻，而有了匱乏之虞，只好立即做出不如歸去的打算。

　　就在考試前夕，經過詳細研討，進而沙盤演習，加上路程與船期的考量，非得於考試的最後一天下午，經過最後一堂體檢，立即離開台南乘火車北上不可。

　　唯恐臨時因客滿而上不了船，所以早兩天去到台灣航運公司的台南辦事處準備預購三張船票。但經船公司告稱，在台南，預售的只有二等票；而我們所剩的錢，只夠購買三張三等以下的票；逼於無奈，只好先定下二張二等票，預備到了基隆，用兩張票以夾帶的方式「偷渡」上船，然後等查票時，其中一人在甲板上以很便宜的價錢補一張四等票。

　　考試的最後一天下午，商得醫務室的莊醫生同意，提前為我們三人作體檢；最後一關是驗「色盲」；劉兄是色盲，當莊醫生逐頁翻開讓他識別時，他並不分辨得出是紅是綠，但他用上海話亂說一通；莊醫生既不會說北京話，更不懂上海話，他看劉兄答得如此有自信的樣子，以為一定是沒有錯，好像是放他過關了。

　　我們來不及看什麼結果，三人立即返回靠近車站的旅社，拎了已經收拾好的行李，直奔車站趕上了預計的班車；第二天早晨車到基隆，趕赴碼頭，那台航班輪已經升火待發，等我們登輪不久，它就鳴笛起錨了。當我們抵達上海時，我們身上所剩的只有回家的車錢了。

　　回到上海，我們不約而同地將此事拋諸腦後，而預備各奔前程去投考其他學校了，但不久接到那時已經轉往國立同濟大學任教的程教授消息說，我們已經以很高的名次被錄取，於是我們三人又重整裝備再度出發。但萬萬沒想到從此與家人一隔就是四十年，不勝唏噓！

【世界日報】

1998-12-18

1998-12-19

【成大校友年刊】

1998-10-31

誰願離開「家」

── 從啤酒王成為失聯黨員所引起的話題談起

景　亮

　　去歲末，也就是約一週前，美東時報一篇題為「啤酒王回來吧」，國民黨皇后分部「一位老兵」先生用酒、色、財、氣四大法寶中的第一「招」，來「勾引」「啤酒王」回「家」的文章，勾起我九年多前，一段令我感到迷惘，被遺棄的回憶。

　　從「老兵」先生文中，隱約看得出來，「啤酒王」先生曾為淪為「失聯同志」的波折歷程作過詮釋，可惜本人一向疏懶，欠勤讀，錯過了「啤酒王」先生的「心聲」，以致不知他是怎麼離「家」的。至於我的「失聯」只是出於「家」中成員「一揮手」，從此就沒有再返「家」門。大概這個「家」過於龐雜、且老態散漫，對我的「離家」，至今尚未「察覺」。雖然始終近在咫尺，也未見任何「家」人向我招過手，更不必說啟事「尋人」了。因此，這幾年來，令我覺悟到，我原來在這個「家」中只是個多餘份子；甚至懷疑到此番促使我「自動」「失

散」的，莫非正是「清理門戶」的「家」法？

　　由於「家」中成員不經意（也許是）的「一揮手」，就輕易退出「家」門，似乎有些「驕倩」，但諸位看官如能想像到斯時、斯地、加上斯人情結，可能也會感受到，這只是個可進，也可不進的「家」。現容我話說從頭，以表明我從「入伙」（粵語：遷入住屋之意）到「出」家的心蹟與歷程。

　　四十年前，我之成為「家」的一員，只是一波接一波、整批「睹咒」入黨人中之一份子。其時甫出校門，從事的是被視為神經系統方面的技術工作，「入黨」則是上司對屬下的基本要求之一；雖然並不是每個主管都如此嚴格執行，不幸我的第一個主官卻就是一個「不入黨就是匪」的信奉者。另外，「入黨」，在「前途」上可以減少許多荊棘與崎嶇坎坷。於是就在「利多」「優渥條件」下，成了國民黨的「同志」。

　　不過，縱然我的「入伙」，乃是出於「無奈」，而並非有「志」一「同」。但是，既然已面對總理舉起右手，起過重誓，進得「家」門後，倒是個遵從黨員守則相當徹底的同志。革命先烈們拋頭臚、灑熱血的衝鋒陷陣，因時不我予，而未能躬逢其盛，然在職責崗位上卻時常贏得「優秀」二字與我小名相伴隨，尤其當應召去經營黨營事業中之一環，而常出席中央財務委員會之有關會議時，更是自我肯定我在這個「家」中已經生了「根」。認為從此就會浸淫在同志「愛」中托付終身；

即使走遍天涯海角，也不致有匱乏之虞，因爲這是個遍及全球的「大家」庭。

正如「老兵」先生所說「家中的兄弟姐妹成年後，自會向外發展……」，我也不例外，在十年前移美定居。此行可能「變籍」成假洋鬼子，而永不回頭，但我心知肚明我不會數典忘祖，乃至脫離這個「家」。離國前原想到中央黨部相關部門報離備案，但是當一想到多年前，一位老同學所受「禮遇」（當年一位優秀青年同志，舉家移民澳洲，行前往中央黨部報離，並請求介紹彼岸的我黨組織以期一到該地就能繼續參與活動。孰料「家」中大員，不問青紅皂白，將他訓斥一頓，說他不該到那種地方去找死，甚至譏諷他有「逃家」之嫌。他滿懷著「愛家」情操、興沖沖地去，卻弄得灰頭土臉、悻悻而回。結果彼岸黨部組織所在地址未能取得，當然也斷了他歸「家」的念頭。據說他後來變成了當地僑領，但是否有「家」人招他「回家」，則因失聯過久，無從得知。）不禁不寒而顫，遂罷了此念。

行前未得「大家庭」中的叮嚀、囑咐，我並不意外，因爲我並沒有到宗祠去面聆「庭訓」，倒是原來所隸屬的「家庭」（產職業黨部）中，未見任何人（包括滿口「同志愛」的「家長」與同志）站在「家」的立場，對我這即將遠離（甚至也許是生死之別）的「家人」說過一言半語，使我無限感傷。

雖然黯然離開「入伙」了將近三十年，最後又是如

此冷酷無情的「老家」，但我仍珍惜與這個「家」的多年感情，不忍心就此拋棄正處於逆境的「家」。所以當我一踏上紐約這塊貴寶地，還沒有弄清東南西北，生活尚無著落，前途更是一片茫茫之際，就急著尋找海外的這個「家」。初到時，因人生地疏，不知「家」在何方，但知道此地有個實際係由「家」人所經管（至少該時是如此）的北美事務辦事處。以為若能找到它就會有「家」可歸。於是手持地圖，乘地鐵、走路，摸索到了第二大道八〇一號。當見到國旗、也見到「家」的圖騰（黨徽）時，這股興奮勁兒實在無以言喻。見窗口正襟危坐著一位女同志，連忙雙手捧上「度牒」（黨證），請教何處是兒（我）「家」。該「同志」一聽我要向黨部報到，頭也不抬地說我走錯了門路。我問該往何處去？她回答了一串好像是電話號碼的數字，因為一時心慌意亂、無法記清，連忙打恭作揖，請她再說一遍，不料她「一揮手」要我自己去查。天哪，我是個十足的土包子、外地客，要我到那裡去查？可憐我這迷了途的羔羊，就從此未曾回過「家」。

【美東時報】
1991-01-20

入籍歸化紀實
── 入籍考試記趣

周俊良

　　我是以正式移民身份取得永久居留的，當住到四年十個月的時候，就遞進了入籍申請表。因為一切正常、合法，同時也沒有時間上的特別需要，一切自行辦理，省掉許多人所冤枉花掉的一兩百元律師費。等了大約半年多，正在懷疑會不會因為自行辦理而遭致故意刁難之際，卻收到了公民「考試」的通知。

　　大約有一個半月給我惡補的時間，收到通知後，連忙找出老伴與女兒在上一年考的參考書，影印後就隨身帶著，不時的搶記暗背；並要家人充當主考官，反覆摩擬練習。雖然題目不難、也不多，但總不該掉以輕心。縱然大可不必患得患失，但既已豁了出去甘心當蕃人，又何必來個酸不溜溜的半吊子的「帥」氣呢？所以我這花甲老翁，還是像小伙子趕聯考那末認真。那天，通知單上寫的雖然是上午十一時報到，我還是起了個大早。為恐迷途難返，棄自駕車而就有軌可循的地下車，並由

識途老妻陪伴而去。

當從地下鑽出地面，老妻一看地形，覺得似乎與她上年所到之處不盡相同。通知上要我到 xx St（不復記憶），我們卻走上了 xx Mall。既然 xx 相同，可能出自筆誤，又怕自作聰明而耽誤大事，連問兩位路人，都說這就是 xx St，於是決定循號找去，急步走了幾個街口，到該號門前定睛一看，既不像個衙門，更不像考場，心想準是上了洋當，摸錯方向。那時手錶已指十點有半，時間有限，快去找 xx[St]要緊。正苦於無線索可循，只見對街有輛警車急駛而至，連忙隔街大聲攔截。

說時慢，那時快，一個箭步，剎那間我已將他去路擋住。警伯們見我急得滿頭是汗，又手持「趕考通知單」，我 excuse 還沒有說完，其中一位順手一指說：就在對面；等我順「指」望去，居然就是那間剛才不「願」進入的辦公樓宇。實在不甘心承認那是事實，但走近仔細一瞧，門上還真寫得清清楚楚，那就是「投洋胎的鬼門關」，對我這個瞎了眼的非文盲，好生自責了一番。尤其受到那半文盲的老妻連聲「差勁」，要不是紐約的花崗石地質硬，恨不得一頭栽進地洞去。

老妻跟在後面的埋怨譏諷不是充耳不聽，而是無暇兼顧。三步併作兩步衝進樓上的大門，滿心以爲這下可以坐下「談話」了，孰料進得門去，首先只是出示通知、登記報到，然後就設法乘「虛」入座，繼而聽候唱名傳呼。在其間，幾次應聲起立，但因爲我不是「女士」也

不是「兒童」—— 一眼望去就不是他（她）們所要叫的「投胎人」而被「斥」坐下。遠遠坐在陪考席上的老妻，不時投以白眼，甚而跑來當眾訓斥，說我太緊張，沉不住氣。其實天曉得，中國人的名字給蕃人用洋腔念起來，誰能不認為自己已被寵召了呢？何況那天應考的中國人很多，即使中文名字相同的也不能說沒有，這種聽走了耳的事情怎能完全怪我呢？

在等待呼召的一兩個小時之內，閒來無事，冷眼旁觀，作了一些沒有數字的「統計」，以介紹考場衙門的百態：

（一）凡辦事的，收發、登記、調卷的似乎沒有一個我們以前所認為的「美國人」—— 純白種人；就是在許多考官中，也很少見到白種人，即使是白種人，也不見得就是來自撒克遜族，更不是印第安那人，他們只是些「先到者」之後裔。

（二）凡是來應考的，當然百分之百不是「美國人」，但陪考的卻都是識途老馬的「美國籍人」。有的應考人還由移民律師陪伴而來。你若仔細端詳一番，那些在旁「諄諄教誨」的律師，八成是白皮膚，即我們所謂的「洋人」，他們的神情比考生還緊張、認真。大概是拿了當事人的錢，希望當事人一考中的，就省得陪伴他第二次了。鄰座有位律師正在對一位打扮入時，帥氣十足，來自台灣，看上去英語強過母語的少女，作最後的努力，很可惜這位俏佳麗，連二十六個字母似乎還沒有按順序

排得很好，我看這位大律師接了一檔相當辛苦的「業務」了。

　　（三）唱名呼叫時，所聽到的要不是趙、錢、孫、李、周、吳、鄭、王，就是什麼司基或穆罕默德什麼的，似乎百分之一百還是用他們祖上的姓。從此可見，美國歡迎你歸化，並沒有像東洋人要你忘掉祖姓，而改姓什麼「郎」、什麼「子」的那樣招贅。

歸化宣誓記趣

老美的原則很簡單，他們認為這塊土地是大家的，凡是合乎條件的，都可以以獨立的人格，在此居住。在接納你成為公民之前，所以之要「考」你一下，只是使你有個基本適存條件；因此，考題都很容易，無論歷史、地理甚至政治，都是些極為普通的常識。至於英文，對他們而言，只是用作與其他人溝通的工具，並不真正要考你「語文程度」。何況英文之對美國，並不像中文之對中華民族。當然如果像前面所提的那位台灣小姐，連 I LOVE YOU 幾個字都寫不出來的話，將來又如何能夠 MERGE 到這個大熔爐，繼續生存下去？他們不是拒絕你當美國人，而是怕你在美國人群體中不能活下去！

「考試及格」後，當場就取得一張宣誓入籍的通知（並非每個地方都一樣），那是五星期後的某天早上八點，地點在另一處的 SUPREME COURT，因規定報到的時間太早，非得六時半以前出門不可，為恐像第一次考試時那樣著慌，在第一天曾去探了一下路，所以當天很順利地到達 SUPREME COURT。但因為人太多，又必須逐個驗明正身，並繳回綠卡，所以辦起來特別緩慢，

等我進入禮堂時，不知不覺已經站了三個多鐘點。進得禮堂，找到座位坐下後，發現自己後面已經沒有幾個人了。

在座的人大家都悠悠自得而不那麼緊張，也都沒有陪伴的人。在等待期間，大都取出自己的讀物消遣；我雖也帶了中文報紙，但似乎已經沒有時打開了。當我向四週「窺視」一下，從各人的報紙刊頭文字看來，好像置身於聯合國的文化中心。

那些攤開的報紙，有中文的、韓文的、俄文的、波蘭文（？）的，當然有更多是西班牙文的。看「美文」的似乎絕無僅有。我想，此後我們這些「後來的美國人」還會是各看各報的。

典禮開始，有司儀，但沒有口令，只是交代我們當法官出來的時候，請大家起立站一下，但並不要「立正」。時間一到，從後台走出一位身穿法袍的年長法官，一面走一面出聲朗笑，和大家道好並請坐下後，立即指向台下，要請兩位「新公民」上台幫忙主持典禮。他請到一位黑男童和一位白女童，都只有十來歲，很禮貌地請他們坐在他的旁邊。隨即手指兩位幼童，面對大家「訓話」說：根據所得資料顯示，在座各位都已經是合格的美國公民，我代表法院向各位表示歡迎，現在我要告訴各位的是，大家都將像這兩位小公民一樣，受到本院的保護，享受和其他美國人一樣的應享權利。大家在美國法律保護之下，就可從此安心在此地共同住下去，不會因為你

是來自東、南、西、北有所差異，我本人的祖先也是移民來的……。

　　講完後，隨即請兩位「小公民」輪流將此批歸化移民的原屬國家名字念一遍。經詢問無誤後，由司儀請大家起立，面對星條旗，按照所發詞句「賭咒」一番，就告禮成。於是大家按順序到門外走廊領取「公民紙」。

　　在此地，我已變成黑頭髮、黑眼珠、黃皮膚的「美國人」。你、我、他也都可以這樣被接納為「美國人」，但在台灣我卻仍舊是「外星人」，悲哀！

【海外學人】
1995-04

長大成人在成大
── 四十電機

周俊良

　　將近一個甲子前，雖在成大前身，台灣省立工學院只待過四年，它卻補整了我十六年的教育。

　　我一生只取得過兩張正式畢業文憑，一張是十四歲時取得的高小畢業證書，另一張就是廿二歲時，由台灣省立工學院所頒發的大學畢業文憑。

　　我八歲才進鄉間的私塾啓蒙，九歲轉進洋學堂上小學一年級，到十四歲在上海小學畢業時，就少念了一年小學。在十八歲進工學院之前，一共只上過九年學，既沒有初中畢業證書，也沒有高中畢業文憑。雖然能以高分考上了工學院的電機系，卻因未學過五年級的算術，什麼叫「分數」、「帶分數」、「假分數」、甚至百分數，一直沒弄清楚過；中學裡的代數，立不起方程式；幾何學，不知從何著手求證；化學分子式，兩邊總平衡不起來；三角，題目會解，卻不知其意義何在；歷史，朝代連不起；地理，認不得秋海棠……。這些「短缺」

的造成，都是因為十二年的學程縮短為九年所致。在其間因不時跳班跳級，「遊」過的學校有八九十來個。就學程完整性而言，我只是個發育不全的侏儒。

我的學歷支離破碎，當然所習課程就不完全，然而大學入學考試，並未因這些「短缺」而被難倒；這因為當時讀的是中等技術科，故能以「似無短缺」（因每一科目都曾獵及）的同等學力考取了第一志願就讀。

在中小學的各種考試，甚或大學的入學考試，縱然可以依樣畫胡蘆，分別解答各類的考題；然而，進了大學念工學院時，發現大學課程對中小學裡的各種基本科目的要求，不只是要你解答那些已經立了公式的題目，而在在要你懂得如何應用這些基本學識，為大學課程中的理論立出公式，或用以幫助自己瞭解更高深的學問，和那些公式的意義。至此方才理解到，中小學教育必須完整且連貫的重要性。

既已進了大學門，總得像個大學生，不戴頂方帽子出校門怎能善甘罷休？所以在這四年大學生生涯裡，修習大學課程的同時，必須隨時補整我在中小學時代的「短缺」，方能跟上研習進度。在其間，隨著大學課程進度，以逢山就開路，遇水就搭橋的方式，補齊「短缺」而完成了四年完整，且成績還算在「孫山」之前的大學學業。

我在成大四年，因為要隨時「補齊短缺」，學習得比別人辛苦；但也因為補齊了短缺，所獲得的也比別人豐富。四年內，非但得到一個充充實實的學士學位，也

補整了我十二年間的缺失，使我成爲抬得起頭，挺得起胸的大學畢業生。

　　想起民國卅六年，入學的第一天，和同學劉忠權兄，拿了選課簿，去請徐迺良老師簽字，我們到他辦公室門口敲敲門，他抬頭看看我問我說：「你來幹什麼的？」我告以：「來選課的！」他立即揮揮手，連聲：「去！去！去！那有小孩上大學的？」當然他是開玩笑逗我們的，但足以說明，當時又矮又小的我，在他看起來，的確只是個不像就要上大學的娃兒。畢業時，穿上西裝式（生平第一次穿西裝）的校服（黑色粗布所縫製），照起相來儼然成了大人；難怪有位女同學看了相片打趣說：「這好像你的爸爸哦！」其實，她並沒有見過我爸爸，不過這也說明，我在成大四年，各方面都變成大人模樣了。

第二篇　人世間

世界第一號寵兒

鐵　夫

小王子沙烏德、富甲天下的沙烏地阿拉伯國王法哈德的四歲外孫，是世界上最被寵的富孩兒。

這小孩不但有堆積如山的玩具，王室還爲他買了一個有生命的活玩伴「一個十歲男孩，住在宮裡。這男孩必需做沙烏德想做的任何事。

這個嬌養的王子生活，比天方夜譚故事還要駭人聽聞。

▲成隊的佣人與保母，一天二十四小時，一週七天侍候著沙烏德，但絕對禁止他們以任何方式管教他。

▲這孩子有兩輛他自已擁有的汽車——一部白色的凱迪拉克，和一部紅色的林肯豪華房車；甚至還有他自已的專用司機。

▲他的專用浴室裡設有金質裝置，除非他認爲是夠好的人，任何人都不得跨入一步。

▲沙烏德的每餐每頓，都一定要佣人用調羹餵食。

沙烏德的母親，拉蒂公主是法哈德國王的掌上明珠，小孩的父親則是公主的嫡親表兄。

　　沙烏德是個有一頭厚黑髮，且愛好童謠的漂亮小孩。在有些方面和一般小孩沒有兩樣，但在另外某些方面，都生活在不是一個四歲小孩能以想像得到的世界裡。

　　他有三位保母 —— 一位是來自美國德州的祖母級兒童看護專家，愛倫；一位是來自菲律賓，另一位則是沙烏地阿拉伯本地人。在這以前當然還常有其他的保母來過。他也有多名侍者和貼身衛士，一名司機和一位教師。

　　雖然保母們將全部時間都花在沙烏德身上，但除他母親外，誰也不允許對他施管教或對他說一個「不」字，或糾正他，或做出任何使他哭泣的事情；甚至不許高嗓門對他說話；保母們必須一天廿四小時，一週七天與他在一起，她們並不是輪班而是同時一起工作的。只有當他上學或睡覺時少有些休息，否則都得隨時與他在一起。皇宮的一個側翼，係專為沙烏德所建設：

　　他有一間緊接浴室的臥房，專用的餐室，起居室以及一間附設另一浴室的遊戲室。

　　在那特高天花板的遊戲室內，有你所能想像得到的每種玩具—飛機、填充式的動物、大的或小的玩具車、卡車，以及其他各式各樣的玩具。總之，牆到牆中間全都是玩具。

　　有一部廿一吋彩色電視機嵌裝在牆壁裡面。在這房間裡有五百個以上的錄像電影供他觀看，還有你所能想像得到的每一種電視遊戲。

　　小沙烏德喜歡三輪車「他擁有十部包括各種顏色與

型式的三輪車，供他在長廊、戶外、或任何他所要的地方騎踏。

年僅四歲的他，擁有四只非常名貴的手錶。他最喜愛的是一只全金的勞力士。

保母中的一人在夜間也須在其房中的長沙發上睡覺，因為長沙發極不舒服，所以乾脆就睡在地板上。沙烏德自己則睡在一張大得令人難以置信的雙人床上。保母們是不允許碰觸他床的。

除他自己外，任何人都不准接近他的浴室，其間有一個非常漂亮的大理石洗臉盆，以及一個金質水龍頭的浴缸。

他有十五個大壁櫥，都堆滿了他的小服裝。

那名叫亞伯拉罕的十歲大男孩，遷進宮來，就是沙烏德全天候的玩伴。人們深信，王室對亞伯拉罕的服務，會付錢給他的父母。在宮中他必須玩任何沙烏德要玩的遊戲。做任何沙烏德想做的事，否則就會被遣送回家，而使家族失去這份殊榮。

不論何時，只要沙烏德坐上許多玩具車中的任何一部時，亞伯拉罕的工作，就是推他轉動。他的任務，就是要使沙烏德高興。不論什麼時間，假使沙烏德不高興而哭泣，亞伯拉罕就得想儘辦法，弄清楚沙烏德想要什麼而使他不要哭。

任何時間，保母只要教沙烏德一些新鮮或有關美國的事，就會從母親那裡得到一份獎金。教他的字越長越

好，有次保母與他談到動物生病要送獸醫治療，以致使他認識了 VETERINARIAN 這個長字，他母親在高興之餘，賞了她一千美元的獎金。

他喜歡乘坐有專用司機的凱迪拉克與林肯豪華房車，他常要開往「麥當奴」速食店去。每當他外出，三位保母都得跟隨。當帶他逛商店時，他母親都要保母帶上至少五百元，以便爲他購買他所想要的任何東西。但通常他只檢些諸如玩具賽車一類的小東西。

帶他進餐館，沙烏德總是自己吃飯，不像在家裡非要保母用匙羹餵他不可。

保母們必須隨時帶有非常名貴的古龍香水。經常將他從頭噴到腳，沙烏德似乎並不在意，因爲他打從出娘胎就被古龍水噴灑，所以已習慣於此。

當然這個被寵得已經腐化的王子，有時也會發他皇家的臭脾氣。他用彩色筆畫畫而弄髒地毯，保母見了不得爲保護地毯而將之擦拭去除。否則他會非常生氣，甚至會因此到壁櫥裡去撕毀書本和其他東西，並將它們撒得滿地。此時保母們不得去阻止，所能做的就是看著他。他要將壁櫥裡東西弄個精光才肯罷休，保母們只好等在那裡，等他做完這些，再來清理。

以上就是那位美國保母夢魘似的回憶敘述，特此從「探索者」中節譯出來，以饗讀者。

【美東時報】

1991-12-01

母親的紅燒鴨

鐵　夫

　　他是台灣空軍黑貓中隊的飛行官，一九六五年一月十日夜裡，奉命駕著 U2 高空偵察機，從台灣桃園基地出發，飛往中國大陸的內蒙古上空執行偵照任務，被對方擊中而跳傘被虜。因為在著陸時身受重傷，被送往北京空軍總醫院急救療傷。一個月後出院，當局旋即將他軟禁在北京空軍招待所。一是為保密，另一是為要保護他，不要讓他在文化大革命洪流中受到傷害。

　　在招待所裡苦悶空虛，成天思念親人。尤以自從他們告知他，他朝思暮想卻早就失去聯絡的母親有了下落後，便急切盼望能及早拜見到闊別二十七年之久的親娘。他再三請求准他去南京探望老母，雖未遭到「悍」然嚴拒，但總是「婉」言阻擋、拖延，結果在五年的被「招待」期間始終未能如願以償。

　　時至 1969 年，「紅衛兵」已經完成階段性的「革命」任務，為了不讓這群既無文化又無生產技能的青少年們到處流竄生事，當局通過決議，將千萬的紅衛兵分散到

全國各地農村去接受勞動改造。他也就在第二年初結束了為期五年，只消耗不生產卻被「招待」的軟禁式生涯，和紅衛兵們一樣被下放到農村接受勞改，去開始自生自滅卻前途茫茫的流放生活。

　　一天，他們空軍的一位首長來到招待所向他宣稱，說他「認罪」態度和「悔過」的表現好，人民政府寬大為懷決定要把他釋放。並補充說，這個決定是周恩來總理親自所批准，說他從此就是中華人民共和國的公民，可享有公民應有的權利；同時又說，他此去是要到南京近郊農村去當一名「社員」……。啊！這豈不是刻意要讓他們母子團聚的美夢成真嗎？令他歡喜若狂，激動不已。

　　三月十二日，在都穿著便衣的一位幹部和一位士兵陪同（押送）下，乘上開往南京的火車。列車在遼闊的平原奔馳，車廂內外的一切都打動著他的心扉，喜悅、興奮、心酸、思念、惆悵……一下都湧上了心頭，複雜的心情可說是五味雜陳。然而一想到他就能見到闊別已久的娘親，頓時覺得車廂裡外的一切都是那末的燦爛美麗。

　　他到南京郊區馬前村生產隊報到時，生產工具已為他準備妥當，第二天就在小隊長指令下跟隨著大夥兒到附近的大渠溝去挖污泥，消滅施虐已久的吸血蟲。他本有隔天到城裡去見母親一面的念頭，但見大家都幹得很起勁，一時沒有好意思開口，次日還是扛著鐵鍬，挑著籮筐去幹活。當日落歸隊，村裡幹事告訴他，他大哥從城裡來看過他，因他出外勞動未能相見，只好悵然而回

了……。幹事見他一臉懊喪、悵惘，連忙很友善地安慰他說，明天就讓他回家去探望母親。

　　"家"，八歲就離開了它，三十三個年頭後的今天突然要回去，心裡還真有些怕。除了不敢想像現在的家會變成怎樣而怕，要他獨自前去，肯定會摸不到方向也怕。他高興、亢奮，卻仍然掩蓋不住他面現怯色。善解人意的幹事立即補上一句：「明天會有人陪著你去」。

　　這一天終於來到，明朝就可見到親娘。當晚過於興奮，翻來覆去就是睡不著覺，整夜憧憬著明天與母親相見的光景。母親，她今年應該已近古稀之年，頭髮白了多少？腰有沒有彎，背有沒有駝？仍然耳聰、目明嗎？牙齒還咬得動炒蠶豆嗎？她還為晚輩們做拿手菜 ── 紅燒鴨來吃嗎……？喔！二十七年前從重慶離開她到成都空軍幼校報到後，就沒有再見過面，也不曾有過片紙隻字往來（母親不識字），他不知道她的一切，只能在想像中描繪著她，但不知道母親會怎樣的猜想著他？明天相見的場面，真耽心母親的心臟會不會承受得了？……，迷迷濛濛應該是睡著了，否則枕頭套如此之濕，怎麼會全然不知道？當陪同的人帶他來到英威街，他立即回憶起那三十三年前曾經住過的房子。他沒有直奔而去，卻放慢腳步躊躇了片刻。既高興又羞怯，輕輕推開虛掩的大門，門吱嘎一聲，裡面問「是誰」的居然就是媽的聲音，當他回報說："是小三，立義"，舉著雙手迎面而來的就是他的媽。當時，闊別二十七載的母

子二人並沒有站住對彼此端詳一番，那霎時間的詳情細節激動得無法留下記憶，只記得等到稍為鎮靜後，發現母子二人正在相擁而泣。母親怪他要回來為什麼不給她捎個信，他回答說：「馬前村離家只有三十來里路，既然有機會可以回家，與其要拿信到不近的地方去"寄"，不如馬上自己送來倒來得快，因為我急著要看見媽！……」，其實母親並不是真的要責備他，只是想說，事情來得如此突然，害她一點心理準備都沒有。

陪他去的人見到任務完成，在母親請他吃過午飯後，就逕自回隊去了。到了傍晚，大哥大嫂、二哥二嫂、伯父伯母和侄子侄女，在南京住的一家親人全到齊了。像這種重逢、激動、歡愉的家庭喜慶情景，若不是身歷其境、置身其中且親自體驗，實在不易形容或言傳。

整個下午，一家十來個人，都沉醉在歡樂聲中，最高興的當然是媽媽。她將晚輩們推出廚房，獨自忙進忙出，在有限的物資條件下，做了一整桌的菜。桌子正中是一道沙鍋煨的，香氣誘人的紅燒鴨。這是他幼少時最喜歡吃的，媽媽煮的菜，母親還沒有忘。那是二十七年前，在重慶離開母親到空軍幼校去報到的那一天，她為他燒的，也是他終生難忘的"紅燒鴨"。

回憶起他才十三歲的那年，參加了空軍幼校的入學考試；考後很久因為一直沒有消息，就已將它置諸腦後。一天，在大哥搬家後的臨時住處，母親臥病在床，他正爬在樹上嬉戲，突有空軍幼校來人造訪，說他考取了而

久久未去報到，要他立即前去報到。並說，他們所以之如此千辛萬苦非將他找著不可，是因為他考中了榜首，假使放棄不去，未免太過可惜云云。

才大他五、六歲的大哥立即放下手上的工作，沒有來得及稟報母親一聲，就匆匆地陪他跟著來人趕往重慶城裡的幼校聯絡處報到。孰料一到那裡就被告知，明早就要出發趕赴設在成都的校本部。因為往返他住處必須經由擺渡、步行等，頗為難行、費時，為怕他趕不上明朝一早就要啟程開往成都的車，他必須留置在那裡過夜。

大哥見狀立即趕回住處為他收拾行囊，主要的還是要向母親稟報一聲。在病中的母親得悉此事，非常痛心、不捨卻無奈，立即打起精神下床，從由他所飼養的四隻鴨子中挑出一隻殺了，煮好要大哥馬不停蹄地，在晚上開飯前趕到幼校聯絡處。在他們餐廳裡，兄弟倆流著淚，吃了那隻由媽媽在病中親手煮的紅燒鴨。天哪，那時他才是個十三歲的娃兒，這頓紅燒鴨吃的是什麼味道只有天知道。

他就這樣像被拘提的人犯一樣，沒有來得及和病中的母親說聲再見，被帶離了家。沒有想到這未和母親說聲「再見」的一別，居然帶著紅燒鴨滋味渡過了廿七個年頭。母子「再見」，他已四十開外，母親也已是六十又八。

他的「不辭」而別，害得病中的母親非常痛心卻無奈，時時牽掛著他會不會自己料理生活起居，會不會著

涼受凍，能不能吃飽睡夠，懂不懂換衣洗滌……，天天都在念著，盼望能探望兒子的日子快點來到。可是造化捉弄人，等了許久，母親始終未能到成都去看他一次，他也未能回到重慶探望母親；接著抗日戰爭勝利，母親跟著政府還都南京後，更是天南地北難以見面了。然後由於內戰，幼校幾經播遷，最後落腳到台灣東港。起初，雖然見面幾成絕望，但還可轉輾知道些彼此的信息，稍後，由於當時雙方壁壘分明、形勢對立，無法互通消息，因而和母親的聯繫就澈底中斷。多年來母親只知道他大概在空軍服役，而並不知道他擔任什麼工作，也不知道他的生死，只能時刻祈禱，希望有一天能再見到她的三兒，他。

現在還真的「再見」了，當他在和全家，尤其有大哥同桌歡聚下，再一次嚐到媽媽親手烹飪的紅燒鴨，是如此之開心，是如此之美味！

久別後的首次見面，母親聽了他之前一路順利走過來的情況，雖然感到很寬慰，但總覺得在他的成長過程中，虧欠他一份母愛。尤其如今受傷被俘，卻還要接受勞動改造，她擔憂一個從來總過著優裕生活的他，會吃不起這個苦。她為他痛心、叫屈、憂愁。在他回到生產大隊後，母親一直在為他不會煮飯洗衣、操持家事而擔憂。她前思後想，認為與其空愁不如訴諸行動，打定主意要去馬前村照顧他。

一天，他正獨自拖著滿載大糞的板車從十幾里外回

來，在半途中，看到一輛長途客車，駛至離馬前村尚有四、五里之遙的車站停住；他心裡正想，裡面會不會有他的母親在？就在那時，但見一個身背大包小包，手提大籃小籃的老婦人吃力地下得車來，他走近一看，那不就是他的媽嗎？這突如其來而毫無心理準備的"撞見"，由於他正手拉著糞車，叫他十分不自在，暗自抱怨叫屈，怎麼能讓母親見到這副窘相？母親也因此愕然、心痛不已。他尷尬地站在那裡憨笑，她卻淚水盈眶地看著他。在車站站了一會，母親跟在他後面亦步亦趨地走到他的住處。

她的來到是要為他分擔勞苦，帶著自己的口糧，還帶來雞鴨與蛋，和他喜愛的食品。非但盡量不損耗他的物資，還多帶了些來補充他的不夠。母親到了馬前村，天天為他煮飯洗衣，打掃衛生和飼養雞隻，縫縫補補，一天到晚忙個不停，為的是不要讓他受更多的苦。

五年的農村勞改教育後，被分派到離家更近的南京套鋼廠，繼續接受工廠的勞改。在那裡生活比較安定和改善，每月能得工資 38 元，還可省下五元來孝敬母親；尤其令他高興的是，此後每個週末可以回家向母親請安，當然也常能嚐到母親親手做的紅燒鴨。

1980 年底，才重聚十年的母親，在 79 歲那年，正當兒女們歷經悲歡離合又復團聚在一起承歡膝下，從此可含飴弄孫頤享天年之際，因心肌梗塞而撒手長辭，給他出生入死，坎坷不堪的人生旅程中，又再刻下一道無

以比擬的痛苦傷痕。

　　母親的“紅燒鴨”從此成了絕響，但這二十六年來還一直在回味中咀嚼著。

【成大校友網站】

第三篇　懷　舊

不會說國語也會上台演話劇

鐵　夫

　　初到台灣時，我只能講一口走了腔的上海話，「國語」還是後來與本省同學互相學習得來的，當然離「標準」尚差得太遠。因爲我來自內地，在一九四九年被挑選參加母校的第一次話劇公演。據說當晚公演所得票款，還作了院長漏夜趕赴台北領教職員的薪水的車資。回想起來實在有趣。

　　我是 1947 年進入當時的台灣省立工學院就讀，那是座清一色的和尙廟。

　　我們入學的那年並未招考女生，卻在開學前夕，從內地來了幾位女的轉學生。

　　她們的到來，引起寧靜的和尙廟裡一陣騷動；男生們的激動情緒和貪婪的眼神，使得這群花蝴蝶只在校園裡翩然飄逸過，未曾駐足。

　　第二年，即 1948 年，學校開禁，招收起應屆高中畢業的女生；校園裡，突然有了十二位當時被視爲稀有動物的異性同學，使整個校園變得生趣盎然，朝氣蓬勃。

　　校園裡有了女生，話劇社、歌詠隊等社團陸續成立。起初，這些社團全賴一批畢業於大陸而任職於本校的助教、講師的領導。由於語言關係，加上剛脫離日本教育的本省同學比較保守，故而參加的，多屬來自內地的同學。我這連普通話都講不好的「外省人」，也因此被迫參加了歌詠團、國樂社和話劇社。

　　話劇團排出的第一齣戲，是從西方戲劇中翻譯過來的諷刺劇——欽差大臣。劇中需要的角色倒不少，我因為不會講「話」，被派演一個渾身發臭的衛生局長；只需開口講一句話；光是這句話，我就反覆練習了很久，但在演出時卻仍結結巴巴。

　　因為這是一齣赤裸裸的，諷刺現實的戲，在那種草木皆兵的時代裡，在排練前，劇本必須送學校當局審核通過。

　　我們花了好幾個月功夫排練，終於準備公演。上演前，照規定將劇本送交警察局備案時，卻遭到禁演的威脅。幾經交涉、探聽，才知道警局所以之要禁演，原來是因為在劇中有一個由警察局長捧著痰盂等待欽差大臣吐痰的鏡頭，被認為有辱警察局長的尊嚴；導演得悉後立即予以刪除修改，終於得以如期在大街上一個大戲院堂堂上演。

　　那天的演出，出於意料之外的掛上了客滿的牌子，且得到滿堂喝彩。尤其令我們興奮得意的是，據說當我們剛開鑼尚未登台的時候，學校的會計主任已將所得的

票款，送到院長的手，去買當晚的車票，到台北去領教
職員的薪水了。

【世界日報】
1998-09-25

異鄉感懷

—— 烤子魚

鐵　夫

　　一九八七年，是我離家四十年後的第一次返滬探親，今年則是十二年來的第六回。前面的五次著重在省親旅遊，雖然對於年少時候的吃，都曾想有個回「味」的機會，但由於復甦中的大陸，生活條件尚待改善，有些菜肴不是拿錢買不到，就是已經無人會做得道地，所以都未曾有過奢望與期盼。

　　這次，因為年事已高，感到再回去的機會越來越少，加上據說現在大陸生活富綽，美食佳餚隨時都有，故在動身前突然興起饞念，想吃到年少時吃過，而在外吃不到，或做得不道地的「小菜」。

　　動身前，開玩笑說了幾樣想吃的東西。菜色不多，也並非山珍海味，而只是幾樣普通小菜，如：八寶辣醬、清炒繕糊絲、醃篤鮮、黃魚羹、烤子魚、鹹菜豆瓣湯、醬汁肉、黃泥螺、油吞過肉……等。

　　沒想到這趟回家，居然在頭一個星期中，就嚐到了

這些「菜」；原來是同行的侄女通風報信，將我「饞」念傳回去了。可是，無論是家人做的，或是菜館叫的，或熟食店買的，都未能吃出當年的味道，所以此行並沒有真能解我的「饞」。

也許因為人老胃口變了，也許對當年味道的回憶模糊了。但是其中一道「烤子魚」，總不能用這兩個藉口來自我解嘲；因為我對它印象深刻，回味無窮，隨時想起還會饞涎欲滴！

它並不是一道上得了檯面的大菜，只是一種用油炸來吃的小魚。年少在上海只知道它叫「烤子魚」，到台灣才知它還有個美名叫「鳳尾魚」。在台灣沒見過新鮮現炸的，只吃到過當年從香港走私進口，且被視為珍饈的罐頭「鳳尾魚」，這名字也就是從罐頭貼紙上得知的。罐裝鳳尾魚的味道，遠不如現炸的來得好，所以至今我還在懷疑：鳳尾魚倒底是不是就是我所念念不忘的「烤子魚」？

烤子魚是一種只有四五寸長的小魚，當它們滿腹魚卵的時候，是人們捕食的最佳季節。因為瘦小無肉，要能使它們得到老饕的讚賞，則全憑烹飪者的「油炸」功夫。起鍋不久的最好吃，炸得金黃且酥而不脆，一口咬下去尚帶有一絲甜孜孜的甘味；尤其滿腹帶子的，叫人吃了還想再吃！

我所以之對「烤子魚」情有獨鍾且常思念，除了它的色香味能吊起我胃口外，還另有一種情懷。

　　記得年少時，父親每天很晚才得回家吃晚飯，桌上總只他一人；他吃得很簡單，但總少不了老酒四兩、油呑過肉（油炸花生）一碟，烤子魚一盤。這三樣通常都是由我奉母命，在父親進門前，就從外面買回放在桌上。

　　「買烤子魚」是我每天的任務，爲了要吃個新鮮，總是站在那裡看著他們現炸。在回家的路上，忍不住手上烤子魚的逼人香氣，會情不自禁地「偷吃」兩條。父親大概常見我嘴邊「油蹟」昭彰，總有意無意地「剩」下兩條讓我來「拾遺」。

　　父親嗜吃「烤子魚」，對我留有深刻印象。在「建國」後，經過「三反五反」加上「三年自然災害」，像他這樣的「黑五類」（資本家），我想肯定連味兒都再也未曾聞到過。

　　在台灣成家並做事後，雖常想寄點錢，請家人買點烤子魚來孝敬他，奈因當時海峽兩岸，一邊是密不通風，一邊是滴水不漏；既不能通信，更詎論金錢來往；弄得不好還會陷對方於「私通國特」之罪，自己也會被控以「資匪」的罪名。

　　七〇年代初，尼克森將竹幕打開，才得有機會轉輾寄點錢回去。寄去的錢本來就爲數不多，再幾經兌換，能到家人之手的，只能讓他們胃裡增加點油水，根本不敢妄想有「烤子魚」的「享受」。

　　七〇年代末，請在新加坡友人匯去一筆爲數不少的錢，要爲父親做八十歲壽慶；並特地寫信給年齡和我當

年為父親買烤子魚時相若的侄子，要他在祖父生日的那天，向他父親拿點錢，代我到巷口去買：老酒四兩、油吞過肉一包和「烤子魚」一盤，希望讓祖父有個驚喜。

　　父親八十歲生日過不久就謝世了，當時父親對重嚐「烤子魚」的反應如何，家人並未提起。不過由這次家人從熟食店買來給我解饞，味道連罐頭鳳尾魚都不如的「烤子魚」來看，難怪二十年前父親重嚐「烤子魚」的反應，並未給人們留下什麼記憶。

【世界日報】（家園）

2000-06-11

大學時代吃在台灣

鐵　夫

　　民國卅六年到台灣之初，因為住校，在學生伙食團搭伙。通常白飯一碗（辦伙食的學長貪污，一度將大碗砸掉換成小碗）算是主食；白煮空心菜（那時是農家餵豬的飼料）或高麗（包心）菜，少許如魚餅或甜不辣（大豆或麵粉製品之類的油炸品）或小魚乾，加上一碗蔥燒味噌湯（吃多了腋下會發出一股羶騷味），算是典型的副食。偶而有一塊大肥肉出現，那肯定是加菜的日子。有時排在前面的同學，分菜的廚子剛在他飯碗裡添上那塊算是加菜的肥肉，後面的捉狹鬼舉起筷子，夾了往自己嘴巴一送，先替他祭了牙。

　　為了增加食慾，餐盤上常會見到數粒酸梅。早餐時，酸梅更是幾乎成了必備的小菜。時至民國卅九年，同學當中來了許多四川娃兒；他們對天天用酸梅、味噌湯來配飯的伙食，憎惡到了忍無可忍，屢屢提出意見而得不到回應，實在無可奈何。稍後來一旦輪到他們當值採買，就三餐三頓都會見到朝天小辣椒，吃得本省同學大呼吃

不消。幸虧經由生活指導調解，終於中止了已發生多時的酸梅與辣椒之爭。

起初，我的家鄉菜亦即上海菜，固然無處可以吃得到，就連道地的台灣「料理」也只有耳聽而從未鼻聞過。有時為滿足五臟廟，晚間就結夥到沙卡里巴（台南夜市場）打個牙祭。擔仔麵、切仔麵、蚵仔麵線、蚵仔煎、燒肉粽、炒米粉加上一盤甜不辣之類的豆製品或豬血糕，就可以解上個把禮拜的饞。有時看到游水鱔魚，就不惜較高價錢，叫伙計來碗活殺鱔魚麵，更會齒頰留香好一陣子。

稍後，在沙卡里巴深處一閣樓上開了一家名叫「羊城」的廣東口味小吃店，他的生炒或生汆牛肉，令人不得不下馬聞香；可是從那時開始，我的經濟來源中斷，除了由已經支領薪水的助教（同時自上海轉學來的較高班同學）請客，或自己領到刻鋼版賺來的工價時，平時只有望之興嘆的份。

繼之，政府播遷來台，隨軍或政府官員撤退來到的眷屬大量擁到，並遍佈全省各地。不久，只見大街小巷到處搭起違章（那時根本無章可依）建築，以使眷屬們能蔽風遮雨。其中為求生存，在自家門口擺起小食、麵攤的不乏其人。就在學校附近也逐漸見到賣包子饅頭的店，在那裡能吃到大餅配牛肉湯或牛雜湯，或大碗的牛肉麵。因為價廉物美，加上比較對胃口，也就常在學校附近打牙祭，而很少再到沙卡里巴去了。時至畢業，在

這些小吃店裡能吃得到的東西更多些，增加了例如四川
泡菜、鍋貼、生煎包、滷蛋、茶葉蛋甚至富有家鄉味的
小炒等，不一而足。

【世界日報】（上下古今）
2006-02-18

第四篇　僑窗觀見聞

韓國招牌街巡禮

鐵　夫

在「招牌」之前冠以「韓國」而不用「韓文」，是因爲此處所指「招牌」，除一般所謂市招（SIGNBOARD）的意思外，還有品牌（商標）（TRADE MARK）的含義。也就是說在本社區某些街道，如友聯街上，除了近乎清一色韓文市招外，從商店的格調與經營方式，一眼就可看出，是由韓國人所開，這條由毗鄰緊接，且富韓國格調的店家做出名氣來的街，我就稱之謂「韓國招牌」街。我未到過韓國，不知在其國內的商店是否也是這個模樣，但在此街上之店號，在其「市招」襯托之下，很容易辨認出他們是在本社區獨具一格的韓國「牌」商店。因此，「韓國招牌街」巡禮，不單是瀏覽掛在外面的市招，同時對那些「韓國牌」商店內情也刻意「窺視」一番。

實際上，在法拉盛，富有韓國「風味」的店街不止友聯街一條，在 41 Ave 上，由緬街至友聯街的一段，也能聞得到一股子高麗參味，此外，座落在其他主要街道的，也爲數不少。

先就從類似我國注音符號拼成方塊的韓「文」招牌

看起。由於字體構圖上之限制，根本不會有像漢字那樣的書法藝術可言，也不能寫得像英文一樣龍鳳飛舞婀娜多姿，因此多半只能做成一塊塊的「看板」。在整條街上，林林總總掛滿這種近乎「制」式的「看板」，即使識韓文者也得趨前「細讀」才能看出內容，非韓人更如置身霧裡雲中了。又由於密集而式樣雷同，看多了會使人頭暈目眩，甚至望而生厭。

這些「看板」上多數是「單語」，有些竟找不到一個你我所認得的符號。有時如獲至寶地發現孤伶伶兩個阿拉伯數字，諸如左上角的 39-25，右上角的 567-1234（號碼虛構），費盡思量與猜想，發現那是該店的門牌號碼和電話。有的在電話號碼前加上兩個韓文，也許是表示電話之意。如果畫上一個電話聽筒，或加上 TEL 可能算是「雙語」化的了。有時在大堆不知所云的說明中，突然出現一兩個洋人看得懂的蟹行文，諸如單獨一個「SALOON」或「BEAUTY」或「FASHION」等，大概是為方便本地居民的措施。但實際上這幾個為數極少的單字，夾在密密麻麻的「注音符號」組合中，真如滄海一粟，起不了任何作用。也許只想向他們同胞表示，他也認識英文罷了。他們之所以要「純化」招牌，裡面是否藏有不是為「外人」道的玄機，則不得而知。

這些對非韓人不知所云，密集成排的高麗招牌掛久了，自然變成「外賓止步」的「告示」。即使有意想去辦些「韓」貨，都得沿街探頭探腦或逐牌細看，才能找

得到自己所識的記號。當你戰戰兢兢，躡手躡足進得門去，貨架上的標示又是天書，貨品包裝外面雖有許多文字說明，非韓人對它端詳半天，還是猜不透那葫蘆裡裝的是人參湯，還是補腎丸。上面標的阿拉伯數目大概是價格，但不知那是一斤還是一打的單價。你若要問清成份或用法，或吃法，店員對你所說的「本地話」，只是一味答以 YES 或 NO，當你指手劃腳，搖頭幌腦表示不解時，店員們會彼此扮鬼臉並互相竊竊私語，似乎在笑你連他們說的「英文」都不懂，或說你連這都不知；當他們對你不耐其煩，而你自己也覺得無地自容時，突然闖進一個扁平臉的阿里郎，大聲「安寧嚇殺爾」（韓語你好），嘰哩呱啦，才沒有幾句，他們眼中早就沒有了你，你是氣憤而走，還是落荒而逃，他們根本不在乎，當你的身影在他們眼角餘光中消失時，他們倒真鬆了一口氣。

　　也許你認為他們幼稚無知，短視小器、自卑狂傲，可是他們只要能賺自己人的錢，不干卿底事；可是你可曾想過其他人的感受？他們這種做法，對其他人是一種卑視、不在乎、不尊重，也是不願提供服務的表示，至少會使其他人在進韓國店舖時有「不自在」的感覺。當然這也會對整個「亞裔招牌」造成相當的傷害。

　　我們曾為市議員哈里遜將「韓國招牌」店使他人「不自在」的罪名加諸於我們頭上而喊冤叫屈，但我們也該藉此反省檢討自己是否也有類似情事？有則改之，無則

嘉勉。他山之石可以攻錯，至少可給「中國招牌」街作個借鏡，願「中國招牌」永遠普受歡迎！

【美東時報】僑窗觀景
1989-05-07

北美的中國神醫到那裡去了？

鐵　夫

倒底誰是沙文主義者？

　　一位陳姓母親，爲著不願接受「美國西醫」替她年幼女兒開刀治療風濕性關節炎，而被判失去監護權。因爲此事大大傷及我「中華民族自尊」，故僑社爲之大爲宣騰，「善心人士」群起「仗義」執言，支持陳女士寧願置幼童病情於不顧，也要對簿公堂，爭回監護權，以使她能帶幼女回祖國接受再世華陀的治療。

　　此案從醫術爭議，演變成法律問題，繼而從民族自尊栽進了文化沙文主義的情結。衛道者爲維護我中華固有文化，不惜借重洋律師來訴諸於法，想「以夷制夷」爭回這口氣。現在「美國西醫」「立即」開刀之行動暫時叫停，我想並不是對他們自己的醫道起了懷疑，更不是對我中華文化中之醫術突然開了竅，而是懾服於我華人「團結就是力量」的「正義之聲」。

　　近年來，旅居北美的華僑，尤其中生代的移民，在爭取華人權益方面的意識逐漸覺醒抬頭。只要對華人不利，甚或我同胞感覺不滿意的，都會有熱心服務僑社的

人士，見義勇爲，挺身而出，代抱「不平」。這次「胡」人未敢貿然立即動刀「胡」來，大概是因爲「聲」援的音量大的關係。這是僑社大眾所喜見的現象。

不過我認爲要「稱義」，不能不分青紅皂白，今天要爲陳女打贏這場「官司」，還得據「理」力爭。單憑說人家蠻夷不懂華夏文化，是文化沙文主義者，甚至誣賴人家有歧視之嫌，那是潑掃罵街，站不住腳的歪理。現在如果一方面一味迷信難以說服世人的「祖傳醫道」，而排斥現代醫術科學，另一方面又想要人家不反過來說我們自己才真正是文化沙文主義者，只有拿出證據來。服務僑胞的社團人聲呼籲「有資格」的中醫師來與國父當年的醫生聯手去打勝這一仗；可是滿報紙廣告中的「漢醫」至今仍未見有人站出來說句「公道」話。我真爲那些熱心人士的無奈而難過。

在「中文」報紙上的醫師廣告欄中，中醫佔了很大的篇幅。看看他們的頭銜，真令人目不暇給。有博士、教授、院長、專家、軍帥、神醫、聖手，有自行修練成「真道」者，也有係得自「真傳」者，更有些憑的是祖傳秘方。再細讀其廣告詞，把脈、草藥可以治百病，針灸，氣功也可無所不醫。有的能打包票，更有能「一次見效」的，凡天下所有疑難雜症患者，只要攤開中文報中醫廣告欄，就可吃下定心丸，找到「神醫」來解除病痛。

在北美，今天有如此多的「奇功神醫」，雖然有些（不敢說全部）因沒有洋執照而無法爲擁有醫藥保險的

病患服務，但卻能爲大群自掏腰包，體質不適於求「西醫」的華人移民懸壺濟世，其「悲天憫人」的胸懷，倒是十分令人敬佩。可是其中至今還沒有一位「敢」挺身行「義」，不禁使人懷疑到，中醫「進步」到今天的仍只憑把脈、處方煎草藥等「探測」，是否能與科學的，透明的西醫「診斷」比擬？

也會懷疑到那些再世華陀的「頭銜」是怎得來的？

中醫對中華民族之貢獻是無庸置疑的，近百年來的進步，雖不如西醫之日新又新，但也是有目共睹的（否則一個甲子來，中國人口怎麼會從四萬萬五千萬增加到今天消息報導的十四億多？）。但極不願見到在北美華僑社會中，有些（仍不敢說全部）專打華人同胞荷包主意的郎中，利用自封的唬人頭銜和洋人不識的「中文」媒體，大做經不起查證的不實宣傳。本人決不敢否定中醫，也並不是因爲家人，親友屢次受騙而非議他們，而是怕整個固有中華文化因此被他們玷辱了。「神醫」們既在中醫界擁有至高的「頭銜」，他們的本事也一定就是「中華醫術」最高的代表。現在他們中間居然無一人「敢」上擂台爲我漢家醫道爭光榮，如果因此讓人家誤會咱們最高的「中醫水平」也還是見不得人的，那這群冠以至高頭銜的神醫，豈非就是在我偉大固有文化中之醫術一環上，抹上污點的罪人？！

【美東時報】

1990-10-14

入境隨俗

—— 從楊思勝得獎的聯想

鐵　夫

　　這塊皇后區幾乎沒落得無人問津的「馬桶沖洗」地，自從我華人進入，而爲它取了個吉祥的譯名後，居然真的又「發達」又興「盛」起來了；才十來年的光景，一股朝氣蓬勃的景象，湮沒了當年歷盡滄桑的痕跡。其繁華氣派雖然仍遠不如老華僑所謂的民鐵吾（曼哈頓），但已受到行政當局的重視，也變成兵家（政黨）必爭之地。由於有意移民美東之我華人同胞趨之若鶩，以使無論是中華民國也好，中華人民共和國也好，甚至不承認自己是中國人的炎黃子孫也好，只要自視爲「要人」的，都會在發達盛安排一個做秀時間（SHOW TIME；不管是洋、是華，只要自命爲服務業的，如金融機關，或銀行業務，莫不爭先恐後，在此地佔上一席之地，以好爲我華人荷包服務爲「榮」。房地產經紀人更將國內那套手法搬來，使這一地區的房屋地皮被炒得炙熱燙手。港客、台客往往面不改色地一掏就是數以十萬計的綠幽幽

花旗票（GREEN BACK），照賣主的開價將房子敲定買下，以致在路上見到的華裔與非華人的比例，和十年前相較，顯然正在倒轉過來。難怪皇后區的「非華人」已開始將「發達盛」稱之謂 CHINA TOWN（中國城）。

　　這個「中國化」的地區與曼哈頓下城 CHINA TOWN 之不同處，在於其形成之「快速」。其所以會比曼哈頓「中國城」之形成來得「快」，是因為近十年不斷湧進此地的移民與老一代的移民有所不同。老一代移民多數是戰戰兢兢地「入境隨俗」，而新移民卻是「入境俗隨」的。由於華裔人口之反少為多，在氣勢上也就反客為主了。無論是生活習慣，商業行為，甚至教育文化都漸漸有回歸祖國的感覺。有些人在這裡吃「牛排」、講的「洋話」、穿的「西裝」，比在台北時還要少。就連看電視、讀報紙也比在台灣或香港還要中國化。在人家的土地上，肆無忌憚地說中國話、穿中國衣、吃中國飯、練中國功夫、賣中國膏藥，甚至耍中國把戲，這種「強勢」的侵入，不就等於「殖民」嗎？處處噴噴逼人的氣焰，怎麼叫原居民們不怨聲載道？對純中文招牌的反感，只是初步的警示，說不定會有一天再度引起對「黃禍」的排斥。

　　其實，我們既然要「移民」來此安居樂業，就應該學習這裡的生活方式，否則又何苦飄洋過海，離鄉背井呢？適度地保有我國固有文化是應該的，但總不該目中無人得太過份！楊思勝先生對記者們說他是因為「入境

隨俗」而獲得的傑出人士獎，看上去他說得稀鬆平常，骨子裡是語重心長。我們不必爭辯孰是孰非，但要為我們的下一代著想，為使他們能早日熔入這個大熔爐，我們的「中國功夫」收斂一點也是應該的。我們終究還是「移」到這裡來的居「民」，入境就該隨俗，而不要讓你的「俗」隨著入境。這樣也可讓原居民保留相當的共存空間，而我們的下一代才能沾上適度的「洋氣」，否則就讓他們一輩子躲在廚房，或混入只有能力欺侮「華人」的幫派。

【美東時報】
僑窗觀景
1989-04-16

危險邊緣的愚昧行為

—— 倚老賣老不賣帳 · 好漢不吃眼前虧

鐵　夫

　　日昨看到一華裔人士遭西裔惡少群毆受傷住院的消息，激起我立即提筆寫出我自己在危險邊緣的愚昧行為，以警惕自己，也勸告別人。

　　據報載那位三十多歲的華裔同胞之被毆是因為那群惡少無緣無故擊拍他的車，而他下車與他們理論，遂犯了「眾怒」，才被打的。本來，在像紐約的「文明」社會裡，無緣無故拍擊人家車子，是要受譴責的，那位華裔同胞下車據「理」訓斥並無不當之處。可是他卻錯估了這個社會的「文明」。他不知這裡的「文明」幾乎已是「野蠻」的同義字了！

　　這裡的「野蠻」就是「野而蠻」，不一定帶有種族歧視的意味。其實這些野蠻人已野蠻得連「種族歧視」字義都不瞭解，即使他胡亂出口傷了 CHINAMAN，官署也不會拿它當「歧視」案子來辦的。因為他們根本就無知得連 CHINA-MAN 與 CHINESE 不知如何分別。他

們之欺侮你，不一定因為你是中國人，而是好像那些專找「中國人」欺侮的「中國人」一樣，是因為你好欺侮。如果你的胳膊比他粗，他那敢碰你，華青不敢碰洋人也是這個道理。

你既走進了這個野生動物園，你就不能用孔老夫子的大道理來對待不時出沒的豺狼虎豹，不能和他們講人權、法治，也不能講仁義道德。如你要見義勇為，伸張正義，「馴獸師」會勸你不要自找麻煩要你處處自求多福。否則，他寧可將你「誤」捉到官裡去，那總比捉那些攜槍帶刀的來得安全。

鐵夫在國內大專誤過人家子弟，也當過芝麻官：周圍的人奉承稱我為「Ｘ公」，自己也覺得「年高德劭」受人尊敬。初到法拉盛定居，這種老夫子心態一時無以擺脫；一日，走到『美廉食品』店門口，適巧紅燈亮起，一輛汽車擦身而停，我隨手輕輕拍了一下他的車頭，以「長者」之風，微笑著表示，要他開車不要這麼猛。

我原以為既出於善意，應該會得到良性的回應。結果換來的是青年人一陣辱罵（這是我上了此間「文明」大學的第一課）。然而，如果你的車頭被人拍了，固然也可將他臭罵一頓，但要看清楚，罵的是什麼人？碰到那群毆打那位華裔同胞的惡少，你就該只當「不知」而朝向前開去，才是上策；否則就會吃眼前虧。

五年多來，從 JFK 回到 FLUSHING，深夜走過從 VAN WYCk 上 L.I.E.之支路，已有一千三百多次。在夜

間開車極不喜歡後面來車猛閃高燈。偏在這條經由荒涼地區且為一線道的路上，常有後車開著高燈緊迫跟來。每當有後車開高燈，我總會故意慢下，或靠邊讓他先行，在他和我並排時總會大吼一聲，以示「訓斥」；雖然每次的反應都會令人打寒顫，但我總有「誨人」「不倦」的欣慰，並且還想在這條夜行道上繼續我的「教化」工作。

最近有一天我又以同樣方法「施教」時，那輛裡面坐著四條大漢的車子，趕到我前面以後，立即慢下，並有停車之勢。這下我知「訓」錯了人；逃吧，但在單線單行道上那有退路可走，眼看大禍臨頭，不知道如何是好。要不是後面跟著來了兩輛「夜行車」，說不定當天車燬人亡，老伴等到天亮都見不到夜歸人了。

看到那位華裔同胞被西裔惡少群毆的消息後對我自己「有教無類」的「俠義」行為不禁捏把冷汗。想到半夜三更要在這種毫無人煙之處，來「教化」那些原來就故意在一線道上以開高燈來激怒你的人，豈非和與虎謀皮一樣可笑！

當然，中國人總不能老給人欺侮，但在這種野蠻社會裡不能蠻幹、吃眼前虧。還是我們將下一代好好培養成社會主導份子，才不再受人欺侮。

【美東時報】
1990-07-29

害群之馬要不得

── 從黃太太舉發黑心醫生談起

景　亮

　　前天從報端見到一則有關某「中國」醫生（黃太太未指明何許人）昧著良心向黃太太所投保的藍十字藍盾牌虛報浮報醫療費用，而她「正擬」向保險機構舉發的消息，讀後不禁拍掌稱快，並向黃太太正義之舉致敬。

　　根據黃太太所描述的那個「中國」醫生（非指「中醫」）似乎也就是為內人醫治過腳踝扭傷的那個蒙古大夫。他非但死要錢，還是個十足缺乏醫德、罔顧病人健康的郎中。

　　內人腳踝扭傷，經他兩年光景的「整治」，仍毫無痊癒跡象。後經主動要求他開單照 X 光片，並另求「西」醫診斷，才發現已被他誤診了兩年。尤其可怕的是，連他自己都認為已錯過治癒的良好時機。當與他討論時，他既無慚色，也無歉意，於是一氣之下，當然就另請高明了。但萬萬沒想到，他利用「看」X 光片的機會，還又要內人簽了一張申報單，半年後，收到保險機構清單，

赫然發現他在這已經與他斷絕往來的半年內居然「利用」那張申報單，報了數百元的「問」、「切」、「診」、「治」與「處理」費。此人之心黑，由此可見一斑。

　　該「醫生」另一椿缺德事更令人切齒。老友王兄（非其真姓，但卻是介紹內人去看那郎中的人）約於二年多前腿部感到痠麻無力，前去求診，此黑心郎中見這位「醫不死」的病家上門，就既不「問」也不「切」，更談不上「診」，一上來就將王兄送進地下室用幔簾隔成的許多「診療室」中之一間，施以「電療」。因係局部痠麻每次經過一陣子電療後，總會感到「舒服」一些，從此王兄就以為「醫療」有效，繼續不斷前去就診。每次前去，只要一見是熟面孔，不管你是張三李四，不論你是患的什麼毛病，更不問病情是否有進展或變化，從不拿出「病歷表」來研究一番，就叫你到隔間躺下為你接上這個電，那個表。在其間他也會和病家對一陣話，但聊的並不是你的病情或他的醫療法，而多半是他「行醫」賺錢。買了一棟又一棟房子，以及一次又一次吃了虧的糗事。

　　不管是隔了一星期，還是才隔一天，他對你說的都是差不多的幾句話。這足以證明他根本忘了你是誰。但是，他雖不在意你是「那一號」病人，你的病歷表他可以不看、不填，但在你離開之前，你必須在他隨時準備好的「空白」醫療申報單上簽上你的名字，這樣他就不愁落空而缺錢買房子了。這也是他每次「診療」過程中

列為最重要的項目。

　　王兄經過他如此「診治」了二年多（當然醫療保險機構也做了兩年冤大頭），從一條腿有點痠麻，到兩腿疼痛無力，柱杖而行，甚至坐上輪椅，或四腳爬行（上下家中樓梯）。一直到發現該郎中為注射過期失效針劑時，才回過頭聽從我早先提的忠告—去接受徹底的檢查。結果發現王兄之不良於行，係由腦血管輕微堵塞所造成，本來如及早施以藥物就可好轉，但現已失去最佳治療時效。要想完全治癒，為時已晚矣！二年多來雖未被他整掉老命，但已被他逼上輪椅，失去自由行動，且從工作崗位上退休下來，以致頓時短少了靠著養家活口的經濟收入……。這一切一切都是這位郎中因只顧要錢不顧病人死活的缺德「行蹟」，而所造成的傷害，已無補救餘地。

　　這位醫生，非但害苦了病家，也丟盡了龍的傳人的臉，實在應該使他消跡於這個社會。黃太太之要前去告發雖屬積極方法之一，但是，一旦事發，保險公司當然再不信任他，同時也會對凡我華人有所輕視，尤其對華人醫生之接受「各種保險」，在信任度上一定會大打折扣，甚至會設定限制；受害的不但是接受保險的華裔群醫，華人社會大眾也會弄得投了保而難找到中國醫生來為他醫病。這對整個社會的華人，有絕對的殺傷力。所以我認為如果尚未向「洋人」舉發，先要考慮到最好不要使循規蹈距的大多數，受到太大傷害。

　　我的本意，當然不是要姑息這類置道德於不顧的黑良心份子，相反的我對這種踐踏（虐待）（ABUSE）優良醫療制度之害群之馬，恨不得多以迎頭痛擊，甚至使他自動消跡。可是問題是如何投鼠忌器，除野草不波及田禾。

　　照黃太太描述，她要舉發的那個郎中，如果與我遇到的是同一人，則表示這類害群之馬為數不多。為了怕讓這拉老鼠屎繼續弄壞一大鍋粥，我們可用一傳十、十傳百的方式將這粒臭屎，在這個還不算太大的社會中篩掉它，我們可以傳言給其他正大光明的「中國」醫生，要那些潔身自愛的規矩醫生，起來群而攻之，讓大眾給予輿論與精神制裁，使他無顏立足於此。

【美東時報】

1991-09-22

協調會辦事處
── 候件廳見聞錄

景　亮

　　星期五（按已兩個月前）是我輪休，難得有時間處理一些家務，至中午正擬小寢片刻，藉以養精蓄銳，繼續努力，且見比平常早到的郵差送信上了門。其中一封係來自台灣，且似非比尋常，於是首先拆開，看個究竟。一讀之後，得知又是原服務單位要我「立即」出具僑居海外的身份證明，以證實我仍在人間，好繼續核發我應得之退休金。

　　我清楚記得，上次寄去相同證明，離現在尚不到八個月，現又來催命，難免納悶。老伴英明，勸我趁輪休有空趕快去辦妥，以免耽誤，但我仍躊躇不前。我之裹足，不單是因為天氣熱得惱人（高達華氏九十六度），實在是不願造訪那些「服務僑胞」的衙門，更怕再去見一張張撲克牌面孔。

　　百般無奈，在老伴連哄帶騙的催促之下，她陪著我一起，趕上兩點鐘七號地下車，馳騁而去。在車上百般無聊，不覺想起，每去中國領事館，或北美事務協調辦事處後，都要寫篇報導送美東登載。以往內容都是貶多

於褒，其用意當希望我祖國（大陸、台灣都是我來的地方）駐外使領館表現得夠「文明」，以使我等僑民在異邦街上，也能抬得起頭，挺得起胸來。此番前去心裡真希望已經改善得無話可說，即使有話要說，也巴望能只有「褒」而沒有「貶」。

到了四十二街協調處，三點鐘進得「衙門」，不待那西裔的佩槍警衛「盤問」，我已熟門熟路衝到那條排隊止步線，老伴則在一旁找到一個空位坐下。大概天氣太熱，冷氣不足，在角落上放著一架電風扇，對著中央吹，雖然不怎麼「涼快」，甚而還覺得有些氣悶，但要比戶外舒適得多。

因久住國外，養成了見到排隊止步線就停下聽候呼召的習慣，真有點像小狗上大街，見到電線桿就蹺一下腳的動作那樣自然。在那裡站了一會兒，左顧右盼，發現站在止步線前的只有我一人；看看窗口，雖沒有「顧客」，但辦事員正「埋首」工作，頓時不禁有自己被自己「愚弄」的感覺。於是一個箭步，跨上前去，驚醒了「辦事」的女士小姐（？），並得到了她的青睞。呈上文件，交了錢就與老伴並肩而坐，等待到四時半取件（收據所示時間）。

在靜坐等件的一兩個小時期間，老伴在那裡閉目養神，我則時而看看報屁股，時而抬起頭來瀏覽一番。當覺得「有話」要說時，就輕輕推醒老伴。一方面是為了要她共賞其景，一方面可作為我寫作時的見證。現將幾件憋了二個多月的「見聞」記載如下，以饗讀者：

　　（一）「媳婦熬成婆」：半年多前去，曾發現幾張新面孔坐在窗口裡面，由於新血輪的加入，覺得有股清新開朗的景象。甚至幾張老撲克牌，也憑添了幾許生氣。記得當時曾爲此可喜現象，作過報導。孰料此番再去，非但老撲克恢復了原形，那幾位新媳婦也熬成了婆，使這服務僑胞的家，在大熱天還覺有幾絲寒意。

　　（二）語言溝而不通 —— 一位年輕洋朋友站在窗口，不知何故，與裡面一位年紀較長的女士談個不停，顯然有「問」題待解「答」，故特別投以注意。那位祖母級女士，慢條斯理的「英文」說得似乎中規中矩，在來自江南的我聽起來，特別感到親切順耳。但洋人聽起來可能就另當別論了。

　　在仔細傾聽之下，發現他們無法溝通的原因是那位姑奶奶說的八（EIGHT）塊錢，那小子且硬聽成了八十（EIGHTY）元的關係。坐在裡面的，拼命加重語氣說「愛脫」，窗外的再三重複「愛的」。八與八十之間差距不小，那洋小子似乎因沒有八十元的「預算」（打算）遂發生了一陣溝而不通的對話。姑奶奶在百般無奈下，用起數學上專用名詞對洋小子說，她說的「愛脫」只是SINGLE DIGIT（一位數）而並非二個 DIGIT（二位數）。經她這一指點，那洋小子顯然更加莫名其土地堂。我想他可能想到時髦的 COMPUTER 的 DIGIT 方面去了。不過姑奶奶還是厲害，她急中生智，隨即右手伸出五個手指，左手三個。嘴裡還喊著「愛脫」DOLLARS。洋小

子一見人類基本表示數字的肢體語言，立即茅塞頓開，連忙點頭表示「知道」了，口中也唸唸有詞著「愛」DOLLARS。這場頗費精神的口舌，原來問題是出於「愛」「脫」與「愛」而「不脫」。如果姑奶奶能降低「身段」不「咬」文嚼字，且照著洋人習慣，只說「愛」而不強調「脫」，那洋小子就不致誤聽爲「愛的」了。

　　（三）規費漲價要「補」繳，心有不甘─服務台的小姐其服務態度與應對，都還說得過去，短短一二小時間，雞蛋裡一時挑不出骨頭來。然而「偷」聽到的電話對話中，覺得「上面」的猶太政策，給她在服務上帶來不少困擾。

　　「偷」聽好幾分鐘對話後，從單方面的語言資訊中曉得，對方在數個月前送辦的文件已經辦妥，並且已經可以前來取件，但必須帶若干錢前來補足「規費」。對方似在質疑「規費」已在申請時，如數繳清，還要補「什麼」費，卻聽得這廂答稱，規費最近經已調整，故來取件時，必須補足漲價後的「差額」。對方似乎又在訴說，申請文件早就送入，爲何要延至規費漲價後才批准，難免有故意拖延之嫌。這廂又解釋道，本案必須送台北審核批示，故比較費時，卻與規費「漲」「跌」無關，不過，既然現在來取件，就得照「時價」補足云云。雖然這位小姐態度，語氣都很好，話也說得十分婉轉，但似乎始終未能取得對方諒解。說實在的，這種「答案」，連在旁「偷聽」的我都不會服貼。我真爲這位小姐抱屈，她的上司顢頇無理，使她無以說服「申請人」。再說申

請者在申請時既已照規費如數繳了錢，堂堂一個「暴發戶」代表機構，就不該爲漲價後之區區差額斤斤計較，何況類似的情況（繳了錢卻在漲價後取件者）不會多，何苦要落得一個「窮兇極惡、死要錢」的名聲呢。

（四）洋警衛違警─在候件室門裡掛著一塊用洋文寫的「不得吃食物，不得喝飲料、不准抽煙」牌子，本來爲的是公共衛生，無可厚非，大家也還算守規矩。在其間老伴口渴難挨，想取出自帶紙盒水來喝，當我手指告示提醒她，她就忍耐收起。但時至約四點鐘時分，一位阿婆大概抵不住饑腸轆轆，就在那塊牌子附近啃起麵包來了。可能她因不識字，而無心犯的過，尙情有可原，所以未見有人前來糾正。

時至四時過後，照理要掩上大門不再受件，若是此後來取件者則必須叩門「放」入。那位洋警衛甫將大門關上，大慨覺得一天辛勞已夠，就站在那塊告示牌旁，在眾目睽睽下，點燃香煙騰雲駕霧，似神仙一般快樂起來了。此情此景，不禁叫人看來啼笑皆非。對那塊告示牌也是十足的諷刺。

最後請有關的老爺小姐看了不要生氣，我的出發點無非是愛之深，責之切。因爲這些缺點都是可以改的，只要知過能改，才可與彼岸在服務僑胞方面爭勝。

【美東時報】
1991-10-12

第五篇　眾生相

新進紐約港・方便何處去

── 爺爺尿在褲子上

鐵　夫

　　新年前，為要去新州探望我那半歲大的孫女，特別請了一天假。因要到中城去接女兒同去，選擇了自以為不易迷失的皇后大橋橫跨東河，誰料因屬首次，路徑陌生，一個閃失，誤入歧途，被下班車潮擠得久久上不得橋，以致到了應該與孫女相見的時刻，仍在四十九街附近找公用電話（要女兒在其辦公樓前等）。原預計已在目的地獲得解放的滿腹茶水，甫過東河就已頻頻示警。當在陰暗潮濕的橫街上之電話亭旁停下，下得車來，一陣撲面涼風細雨，更催得難以再忍，環顧四周決無方便之處，再估計前途，也絕對沒有忍到目的地之能耐，故在衝進電話亭前，交代老伴儘快找個塑膠袋應急。待通話畢，回到座車之前已「滿懷希望」，心情也就放鬆，不料，進得車來，那塑膠袋尚必須加以調整，就在手忙腳亂之際，不幸堤決閘開，已是一發不可收拾。

　　褲子濕了，車內有暖氣，不致受涼，但在心理上，

不禁悲從中來，不知不覺間，上身衣襟也濕了一片。尤其祖孫見面時的親暱鏡頭，因衣褲髒濕而被無情地「卡」去，更是悵然！

由此親身經歷，才使我體味到，年輕時在台北，當一位長者在當眾尿濕褲子時，其神情為何會顯得那麼稚真、委屈、淒涼，甚至悲哀。

當年，仁愛路剛建起一幢當時在國內尚屬最現代化的十層辦公大樓，樓下的營業廳也設計得美侖美奐，寬暢舒適，用戶來申裝電話在排長龍苦等之餘，如能找到一位在樓上辦公的主管人下來打個招面，就能顯示其「關係」不同；在我，當有高名望的人士在樓下電召，也無不立即出現，以示本人也非等閒之輩。來客對現代服務之讚不絕口，我等也陶醉得神采飛揚。一日，中心診所（當時為僅有一所幾近貴族化之好醫院）院長（我與他在某社團雖屬兄弟關係，但也已高齡七十，故我都以Uncle尊稱之，他則喊我CL以示親暱）「召」我下樓見面。我急忙下得樓來，正要趨前招呼，只見他一臉稚真委屈的神情，頓覺有異，一個箭步前去攙住他探個究竟，他小聲對找說「CL 我撒尿在褲子上了」。當初在吃驚歉疚之餘，還心想他自己為位名醫，怎麼連自己的尿都管不住？經他解釋才知道，原來他已排了兩三個鐘頭的隊伍（因屬他私事故自己前來），要小解，眼見四周平滑光亮之牆壁，顯然廳內絕無廁所所在，他曾試請服務人員幫忙，也未得要領，他之找我就是想請我為他去開

方便之門。誰料當我從九樓趕下來，可憐他已失禁開閘了。好在量少，雖然褲「濕」地「潮」，但未成「流」，否則要勞駕「工友」老爺前來清理，其後果勢必不堪設想。

　　一位如此年高德劭，且久遊西洋之長者，受到如此不可思議的難堪、委屈，實在令人氣結。我曾立即向主管單位作過反應，但在顢頇跋扈的官僚作風時代，不幸終於還是白費了力氣。當時我已在瑞典住過半年，很欣賞他們對這方面的便民與講究，對處處講求「人道」的美國，想必更是設想週到，無微不至。沒想到進港（紐約）定居後，發現撒尿無處，甚而尿濕褲子的困窘更為嚴重，尤其對年長的新移民，更甚似酷刑。

　　　　　　　　　　　　　　　　【美東時報】
　　　　　　　　　　　　　　　　1990-02-19

爲啥要爭先恐後

景　亮

　　才剛開年，台北友人來電，要我的僑居証明，故特地跑了趟北美事務協調辦事處。在等件期間，將報上的分類廣告，甚至徵婚讓妻啓事，看遍了之後，閒得無聊，就對久久未光顧的辦事處靜靜地作了一番觀察。

　　雖然窗口坐的仍是清一色女士，而且有些還是熟面孔，然彼等服務態度與氣氛比幾年前好了許多，若與十年前相比，更有顯著改進。在每個窗口前，約莫四、五尺處也都劃有一條橫線，那是叫「排隊」等候服務的人在那裡等候被呼召 "Next"（下一個）用的。設立止步線顯然表示該處也是有「排隊這碼子」規矩的。

　　因爲那天前往「辦事」的人不多，窗口也是多半空著，一直未見有「隊伍」形成；倒是過了一會，見一「老外」在某一窗口前那條線上站住，形成一人「隊伍」。窗口服務人員正在低著頭整理文件，未及環顧四週，主動尋找服務對象，致使他站在那裡好一陣子。起初，我忍不住搖頭嘆惜「洋人」不如龍傳人聰明，且暗笑他爲

何不像我剛才那樣一進門，見到既沒有「隊伍」可「排」
就直接衝到窗口去，而馬上獲得青睞呢？才幾秒鐘間，
我從洋洋得意中，猛然醒了過來，發現那洋人並不「笨」，
而倒是我聰明過了頭。人家完全遵守了「排隊」規則，
也尊重了那條橫線的「權威」，而自甘劃地為牢；反過
來看我自己卻是如此目中無「線」，想起來不禁汗顏；
當然也就中止了欲站起來去「教會他聰明」的行動。

　　重新坐定後，對於龍傳人為何沒有「排隊」習慣與
知識大作了一番深思自省。上星期正想動筆寫此一有關
排隊的種種「聽聞」與「我見」，卻發現曹維鳴先生已
先著一鞭，在 227 期的美東時報發表了「排隊現形記一
齣活劇。這四幕四景劇本，非但將我龍傳人排隊「原形」，
描寫得淋漓盡緻，並道盡了海外華人感慨與心聲。曹先
生高明的對比手法，對很輕視排隊的中國機關、銀行、
店家，甚或交通事業，也剔透無遺地「開導」了一番。
曹先生的腳本編得精彩絕倫，令凡我華裔同胞，看了不
禁臉紅。同時「排」文已涵蓋了大家所要說的，所以我
在辦事處所見的那幕，就算「排」文外之另一章吧。

　　通常一提到龍傳人「不愛」排隊，總會怪罪於「中
國人缺乏公德心」，甚至對禮義之邦的五千年固有文化
都起了疑竇。事實上，也並不是「每個龍傳人」都是不
喜歡排隊的，至少在異邦下的龍蛋，或自幼來此受教育
長成的「幼龍」，就會對其上一代阿公、大媽之缺乏「排
隊」「習慣」而感到羞愧，向來生活在比較安定，富足

地區的「成龍」又比歷盡天災人禍風霜歲月的「中國成人」懂得「排隊」的「禮數」。

龍傳人在「排隊」方面，之所以會在洋人面前丟人現眼，其不「習慣」因素要大於其不「道德」，與其是否有五千年固有文化，關係倒不大。至於中國人爲何對「排隊」沒有「習」「慣」，實在是因爲中國人從來不知道，在文明國度裡還有「排隊」這種玩藝兒。既然從未見過就不會有「學習」機會，當然也談不上「慣」與「不慣」。中國人不「學」排隊，並不是體內細胞有問題，而是自古以來，從未有過「排隊」需要。

中國向來以農立國，農業社會的人們，男耕女織，大多日出而作，日落而息，在風調雨順，太平年間，從開年春耕伊始，到秋收冬藏乃至年夜守歲，除了長幼有「序」外那會有排隊論「先」「後」的場合！

自從清末民初，雖已開始引進西方文明，社會形態也逐漸由農業轉型爲工業；可是，可憐我中華民族，在這不是天災人禍，就是兵荒馬亂的近百年中，痛苦太多，既不可，也不能「排隊」的苦難掙扎中求生存。

在抗戰時期，若不學會「爭」先恐「後」，一家老小就會因買不到戶口米以及那難以下嚥的雜糧而挨餓；如要循規蹈矩排隊去買船票，就可能脫掉最後一班逃難船而喪失性命；年三十夜不去「搶先」買到張數有限的車票，就得苦坐車站守歲。在上海，如果不是身強力壯，胳膊粗而又心狠，想要搭公車上班，準會遲到無疑；在

北京鴨子樓吃烤鴨，人們如要照著洋人規矩排隊，除非
當門第一個就是你，否則在門開啓時的一陣亂擠之下，
恐怕鴨屁股都聞不到；你若排著隊（你排，人不排），
從八達嶺登長城恐怕要到天黑才到得了第一座烽火台。

　　近百年間，至少有三代龍傳人在這塊地大物博，卻
災難連綿、貧窮落後的土地上，這樣繁衍、掙扎著。上
兩代爲求生存，而顧不得、也不懂得排隊的禮數。至於
新生代，打從出娘胎所見到的就是這樣的社會「秩序」。
自耳濡目染，所必須學習的，就是如何「爭先」，否則
就會長不大，成不了人。在這一種環境中成長的中國人，
一旦來到西方文明國度裡，在排隊方面，怎麼會不出盡
洋相呢？知識水平較高的，也許容易接受「排隊」的理
念，但也不一定能立即適應「習慣」。至於一般「爭先
恐後」已成了「習慣」的人，你若請他排隊他還會反咬
你一口，說你妨礙他的自由，有傷他的自尊呢。

　　也有人說，中國人之不作興「排隊」，是因爲太「窮」，
因「窮」，才會「窮」兇極惡、爭先恐後。我同意人們處
於「窮」與「苦」環境中，憑誰也不會養得成「排隊」的
「習慣」。然而，今天既已來到這個講究「排隊」的國度
裡，就不能再因以前的「窮」，來表現出依舊的志短。何
況既已能在此生存的，已不再是「窮」人；應該拿出知過
必改的勇氣來，不要再讓洋人總是譏諷咱們不夠文明了。

【美東時報】
1991-0-303

第六篇　生活隨筆散雜文

一葉秋楓兩面情

鐵　夫

　　從紐約上州小兒處，回到離開了五天的法拉盛家。在一大堆等著我們來拆的信件中，有一封由老同學段心心，從辛辛那提寄來的信，裡面雖然只是一張GREET-INGS卡片，上面卻灑灑脫脫寫滿了字。除了讓我們分享她喜獲外孫兒的歡樂，詠嘆新生命的意義外，就是對「秋楓」的讚唱。

　　她寫道，「時已秋風起，黃葉地，火紅的楓葉間夾著變色的綠葉，深深淺淺，隨風搖曳，片片紛紛隨風而落，真是一幅大自然的美景，上蒼賜給人們的暇目而賞！還有那各色的菊花，綻開妍艷。俗云：『菊黃蟹肥，詩人雅興，聚集而吟』，這大概只有在小說中（尤以紅樓夢）去尋找了，不是嗎？……」。

　　每到秋季，從紐約向北行，滿坑滿谷的楓葉的顏色非但天天在變，而且隨著緯度一步一變。開車一路奔馳，只見一幕幕不同，五彩繽紛的圖畫盡在眼簾捲換。回程逆向行來，過程雖像電影倒片，景象卻大異其趣。在往

年中秋過後，總情不自禁刻意地，或偕家人，或邀遠來友朋，沿著山區向北開上一兩小時，觀賞這聞名於世，多彩的「秋楓」盛景。然而今年秋後，我雖然已在法拉盛與浦城之間，有過三個來回，若不是這位老友的提醒，還不會查覺到自己已經在多變的秋楓叢中三進三出。

其實，在這三個星期中，滿山遍野的楓葉依然在不斷地爭奇鬥艷更替新衣，只是由於情和景之不與我，導致對這絢爛的大自然美景失去欣賞的興趣，甚而漠視於它。

第一次北上時，雖是秋高氣爽，萬里晴空，但由於此行目的是要前去探望並照顧因脖子生瘡開刀的小孫兒，當不會有閒情逸緻去瀏覽風光！

其後，有兩次是在黃昏時分，另兩次則在大雨滂沱狂風暴雨中，為顧及安全而必須專注駕車，不允許我心有二用，何況隔著擋風玻璃上括不完的雨水，也不可能會看得到什麼景色。

最後一次，是在剛放下為小兒偌大的庭院清掃滿庭楓葉的耙子，就駕車回法拉盛的路上。那倒是注意到了滿山的楓葉在斜陽下搖曳，但我並沒有感覺到它的美，因為我一直在盤算著，下次再來，如何，再要花上多少時間，才能替小兒把院子裡還沒有掃完，卻加上還正在繼續飄落到地的 "楓葉" 清除得掉。

一路上，眼見秋風正將無數的楓葉吹落大地，更難免觸景生情，想到隨風吹落且舖滿小兒庭院厚厚一層，不受歡迎卻必須費大力清除的「楓葉」，感到百般的無

奈。由於它每年給無數庭院及環境衛生管理當局帶來不小的「楓災」，使我以往對 "楓葉" 讚嘆的那種情懷，也就因此有了相當程度的時空局限。

　　尤其，當我這即將年屆古稀的老人，很吃力地清除這些殘葉時，非但再沒有這份雅興來欣賞它們的絢麗，反而對它倒有幾絲厭煩的感覺。

　　　　　　　　　　　　　　　【世副家園】
　　　　　　　　　　　　　　　1996-12-26

生活隨筆
── 美式生活情調

鐵　夫

　　欣欣，是我和內人五十年前在國內的同學；此番遠從辛辛那地來，參加成大校友嘉年華會後，應邀到我家敘舊。在此才住一天，卻發現我們雖然都住在美國，卻在生活的概念上頗有差異。問題不是孰優孰劣，而是她的生活帶有平時我們所缺乏而不自覺的美式情調。

　　她來美國已經四十有餘年，居住過的地方很少見到華人；從事的多屬學術或實驗室工作，因而接觸的都是我們所謂的「外國人」。她不經意而自然的滿口 HELLO, YES OR NO,不能說她故意在我們面前洋腔洋調，更不能說她是數典忘祖，只是因她久居美國成了習慣。

　　反看我們，到達美國之初就一頭栽進了法拉盛，二十年來除了乘坐的、住的，因沒有選擇，而必須是一向為國人嫉羨的「汽車」、「洋房」外，吃的是中餐，講的是華語，讀的是中文報，看的是華語節目，甚至和洋人吵架，也會罵出中國「三字經」，在我們全身上下見

不到一點洋氣。在社區與洋人間的關係，總是讓他們走他們的陽關道，我們走我們的獨木橋。總之，此地已成華人入境即可「我行我素」，而不必問「洋俗」之地。

那天，內人陪欣欣瞎拼，走進一韓裔店舖選購物品；當她取出信用卡付帳時，那店員連忙提醒她，若用現金支付可以免除稅金；這對在法拉盛久居的人而言，是件司空見慣不足為奇，且認為是理所當然的事。通常買主因得了便宜，會向那「好心」的店員表示謝意。可是欣欣卻大不以為然，她非但不對那店員表示絲毫感激之意，卻還報以慍色眼神，並堅持以信用卡付了帳。

她認為，我們今天所享受的一切社會福利和公共設施，都是來自稅收，納稅是我們起碼而應有的義務，憑良心也就不應該逃避或漏繳。那店員要她付現免稅，表面上是優待顧客，實際上，店家也因此逃漏一筆營業稅。我們不應該因能沾到點小便宜，而放任他們……。

她所說的十分簡單而有道理，這也顯示出她在生活概念上，與我們「本地」的中國人有所不同。另外，她對洋人的生活方式與情調，也有不一樣的感受。

次晨，我們尚未起身，她獨自到附近散步。想要順便寄封信，但無郵票；若前去郵局又嫌太遠，卻尚未開門營業；正在躊躇之間，已信步走到一個猶太老人服務中心；她以美式邏輯思考，覺得既是為老人「服務」的中心，依照洋人的設想，裡面至少會有郵票販賣機可以買到郵票（我們從來沒有想到這點，顯然對美式生活缺

乏 SENSE）。

　　她進去，在旁人熱心指點之下，果真找到了郵票販賣機。但機器賣的是成本的郵票，她沒帶那末多的零錢，又不能和機器「情」商，在望票興嘆，百般無奈之餘，試著等待「人」的來臨。

　　她見到一位洋老太太投幣買了一本郵票，就前去情商，請她出讓一枚；那洋老太太見她英文講得流利且帶有某種鄉音，似與「本地」中國人不同，就熱情地願與她做這筆交易。此時走來另外兩位洋老太太與那老太太招呼，欣欣一面也和她們說 HELLO，一面拿出一塊錢，從老太太手中接過一枚郵票和找的零錢，說了聲謝謝就走出老人中心。

　　才走了不到半個街口，發現找的零錢中怎麼沒有應有的兩個 PENNY，卻多了一個鎳幣，顯然那洋老太太算錯帳做了虧本生意，她毫不遲疑地回頭去要與老太太「算帳」。

　　回到老人中心，只見那三個洋老太太，仍在那談天說地。她告訴那「賣」郵票給她的老太太說是算錯了帳，三個洋老太太都一臉孤疑，以為她是找麻煩來的；欣欣接著連忙告訴她們說：那好心的老太太多找了她二分錢，現在回來就是要來還這二分錢的。

　　當她們弄清楚是怎麼一回事後，包括欣欣在內的四個老太太，馬上打成一片，笑成一團。她們遂拿她當成知心好友，並天南地北聊將起來；她們問她來自何處，

當她說是來自辛辛那地時，那三個洋老太太突然不約而同哼起：WILD, WILD, WHY I AM LIVING IN OHIO（許多 OHIO 人都會哼唱的一首歌裡的一句歌詞），洋溢著一片思鄉情懷。因為欣欣也隨即咐和著哼了起來，她們更自然地將從「OHIO 辛辛那地」來的她也看成了同鄉，頓時形成了一個充滿鄉情的同鄉聯誼 PARTY，並盡情地在那裡「歡聚」，使得欣欣失了與我們的早餐之約。

【世界日報】（家園）
2002-10-05

本樓炸醬麵

鐵　夫

所謂「本樓」炸醬麵，就是由本人親自「發明」、膳理的一道麵食；雖然其味不能叫客倌聞香下馬，但確屬本人所「創」。三十多年來，每當想起還真「回味」無窮。

這道「炸醬麵」，做法固然簡單，在斯時斯地，材料卻得來不易。能將這碗色香味俱佳的本樓麵端上桌來，一直自認為是件頗有創意的得意傑作。

創始這碗麵的過程正反映出當年中國留學生，尤其像我等短時跡遍新大陸的取經人，在這飲食文化背景完全不同的異鄉客地，都在如何將就著祭祀自己的五臟廟。也可看出當年華人在美國主流社會的影響力，與現在相比，真是不能同日而語。

三十五年前我首次來到美國並非留學，而是奉交通部電信總局之派來 FCC 研習資訊傳輸工程的。除了在支加哥附近貝爾系統的 B.S.C.T.E.學校待了個把月算是比較久一點的時段外，其餘四五個月都被分派到全美各

地，凡是有有關於 DIGI-TAL 資訊傳輸設施的機構（除各大電訊公司外，還有諸如銀行、石油公司乃至當時流行代客處理資訊的電腦公司等）去觀摩研習。

所到之處，除可解決膳宿問題的學校外，其他，由於 ALLOWANCE 所限，不是被安排在青年會會館就是實習機構附近的客棧，比較最好的算是汽車旅館（MOTEL）；在這些地方民生問題都得自行解決。週一到週五的午餐都可以到機構所附設的 CAFETERIA 胡亂指指點點買些並不對我這中國胃的 JUNK FOOD 來果腹，其他時間都得自行設法。

那時，見到 RESTURANT，不僅怕付不起帳單，還怕在付小費時的一陣心痛，更怕的是，坐下來看著沒有一個方塊字的 MANUAL，不知如何將站立在旁等待我 ORDER 的西崽支使開去；因而將近半年期間，從未單獨光顧過一次洋人經營的西餐廳。

餐館不敢進，飯總是要吃的。好在於出發前，人事單位設想週到，請來過美國的前輩們，為我們這些菜鳥講解過如何在新大陸求生之道。從他們口中得知，當時在美國到處街上都可以見到相當於現今 DELI 的 DRUG STORE（雜貨店），在那裡你可以買得到如三明治之類的冷食、罐頭食品和飲料、紙包的麵包、點心和零食。自然，當時我是這種 DRUG STORE 的常客。在這種地方吃東西，吃一份總覺得不夠飽，加一份又嫌浪費，因而在那段期間，雖然不曾挨過餓，但很難數得出那幾頓

是「飽足」過的。

　　住過的地方都有熱水給你洗臉、沫浴，就沒有一家供應你可飲用的熱水。對習慣於飯後一杯熱茶的老爺，我，簡直是一種無情的虐待；所以登上新大陸不久，就自購了一隻燒開水的咖啡壺隨身帶著，我可用它燒開水泡茶、泡咖啡。因為有它，才觸動我靈感發明出「本樓炸醬麵」。

　　一天無意間走進一家超級市場，發現貨架上居然擺有些須來自台灣的罐頭食品（在那個時代，因為在美的華人稀少，對市場的影響力極微，除紐約、舊金山極少數的超級市場外，一般超市發現有東方食品的極少），其中最引起我注意的是「廣達香肉醬」。它勾起我對它美味的遐思，叫我當場直嚥口水。我無法抗拒且不加思索地伸手拿了一罐。當我正在思索要如何享受它時，突然在另一貨架上發現有意大利乾麵擺著；頓時靈機一動，如拿肉醬來試做「炸醬麵」不是很好嗎？然而經過一番尋覓，卻遍找不著中國麵；但因解饞心切，只好回頭拿起了一把意大乾麵來權充上海麵條。主意雖定，但是否能買到一把 SCALLION 來將肉醬爆香，又是一點把握都沒有，因為那時一般超市並沒有中國蔥賣。結果皇天不負苦心人，就在進口處蔬菜攤上覓到了一把稀有的青蔥。

　　回到住處，迫不急待地實驗起我的新發明。拿咖啡壺充當炒鍋，用青蔥將肉醬爆香盛起，再用咖啡壺將意

大麵煮熟撈起，拌上爆香的肉醬，就成了一碗意想不到
的美味（尤其是在那個氛圍下的感受確實是美）─炸醬麵。

　　回到台灣，向電信當局提出的是有關資訊傳輸的研
習報告，向太座提出的則是「留美」發明「本樓炸醬麵」
的經過。

【世界副刊】

2005-05-24

第七篇　如是我見

從諾貝爾獎得主李遠哲

── 淺談美國移民政策

金　亮

　　十月（按：去年）中旬的某天，此間中文報紙突然以頭條新聞大幅版面報導有關本年度諾貝爾獎得主李遠哲的消息。李遠哲這三個字對我並不熟悉（平時孤陋寡聞的關係），但看到這麼大的消息後，總想拉上點關係，沾點光，以自我提高身價（阿 Q）。經過一陣苦思之後，想起有人在我面前提過這個名字；當時這位朋友提他名字的時候（在李遠哲得獎之前），並沒有向我炫耀他與李遠哲的關係，也沒有說明李遠哲是何許人，而他僅告訴我，他賢伉儷離開我家後的行程，其中有一站就是要到他妹夫李遠哲家裡，所以那時我只知道那位擔任某國立大學教授的老同學，有一位叫李遠哲的親戚住在西岸。

　　嗨！李遠哲，現在這位大名鼎鼎的科學家，我居然在他得獎之前，就聞知他的大名了，豈不三生有幸！為

了怕自己被虛榮心愚弄而自討沒趣，沒有確實求證之前，連我的老伴前都不敢往臉上亂貼金箔。後來從各報章內容探聽得知，他的確是我所「不認識」的那位李遠哲。同時得悉，他是台灣新竹人，他夫人姓吳，而我那位學長吳先生也是出自風城，他妹妹當然也姓吳。於是我就以「不可能再巧合」的臆測，肯定他有位大舅子，就是我的大學同班同學，豈非與有榮焉？

　　一旦成了國際名人，依照龍的傳人慣例，除了不嫌其煩地報導他的偉大成就外，他的家譜，他的童年，以至現在的人生歷程，甚至凡是有關係的人物，諸如師、生、友朋，甚而童年賣糖葫蘆給他的人，都會名列報章。再下去，連我這個大舅子的朋友都要軋上一腳了。

　　如果經過留神注意，那些熱鬧非凡的中文報所報導的，都有一個共同出發點，那就是因為李先生是炎皇子孫的關係。而且大家共同的第一個標題內都嵌有「華裔」科學家等字樣。因為他是「華裔」，我們「華人」才覺得也分享到一份光榮！但在國內的人士來說，可能總覺得他只不過是個「美國人」而已，他的成就，只是替我們這些「龍種」再一次地肯定了品質的優良，但增光的國家則是「美國」，卻不是「中國」。

　　我講這些話，絕對無意討論歸化之對與否，更無絲毫愛國與否的意念在內（就連我自己如果有所成就的話，也將被報導成「華裔」某某某了），而我的興趣在於注意到每年在世界上有偉大成就的「美國人」，有多

少不是什麼「裔」？基於此，引發我對美國那些訂定移民政策的先民們有無上的「讚嘆」，美國有今天之強大富有，甚至無窮盡地強盛下去，和那偉大的移民政策發生牢不可分的關係！試看世界上另一個超級強國，它的輸入僅是些靠侵略所擄獲的戰利品（土地、物資），輸出的僅是貧窮與戰亂。而美國輸入的都是些人家已經培育好的優秀民族中之優秀腦袋，尤其同時帶來的那些傳之於後代的優良品種。輸出的是些救濟與民主，最終目的希望帶來和平。所以我判斷美國的富強要比極權強國來得耐久。

我對那些擬定移民政策的先驅者只是讚嘆，而不一定表崇敬，因為如果他們定移民政策時候的理念真的如我說的那樣「詐」，那豈不是人類最高級的「侵略」藝術嗎？既是「侵略」，就不能以「崇敬」相待。不過，事實上美國的移民政策理想是非常偉大的。我現在所以之以小人之心度君子之腹，只是要強調他們移民政策為他們帶來了意想不到的朋碩果實。如果草擬或倡導移民政策的先民們還在世，我想他們也會拿這些副作用所產生的成果送到瑞典去申請諾貝爾獎去了？

一般人對於美國移民政策之印象，是認為先民們鑑於這塊上帝所賜的新大陸，是屬於大家的，大家都可以到這塊自由樂土來開展他們的前途，共同來建設這個屬於大家的國家，享受大家的基本人權。久而久之，這個國家基本上就變成全世界的人都嚮往的樂土了。然而，

縱然美國已成了舉世聞名的移民國家，但也並不是來者
不拒，而是無論在數量上、資格上都設了許多限制，也
就是說他有極大選擇權。由於對於移民有了選擇性的設
限，無形中將別的國家比較優秀的份子吸引了來成為它
的「平民」。時間一久，若拿移民來源國家和美國一比，
這一進一出的差異距離就愈拉愈遠啦。

　　也許有人對於我這「將別國比較優秀的份子吸引了
來……」一點不敢苟同，當然我也不敢說我的觀察完全
正確，但我可斷言，對絕大多數人說，都是他們原屬祖
國的中等以上（無論教育、背景、經濟情況，甚至社會
地位）的階層份子，就連那些跳船下廚，走私販毒，幫
派莠民、經濟逃犯等非法移民，在他們自己國度裡，他
們教育背景至少也是中等以上的聰明人，否則他們絕不
懂得這些勾當，或者即使碰運氣登上了新大陸，也難以
生存下去的。再說那些難民，亦非等閒之輩，要不是具
有相當的知識，怎能知道如何將自己擠入難民行列去等
待國際間之收容？一個目不識丁的人，他能嗎？一個原
來沒有十根八根金條的，能逃離越南嗎？當然在形形色
色的移民中，不能說完全沒有知識程度比較低的人，但
對整個每年二三十萬移民來說，那畢竟是少數！

　　現在我撇開個人移民動機、對國家民族之情懷等不
談，就以自己移民情形為例，說明美國移民政策之實施，
是一筆只賺不賠的交易，並以此作為本文之結束。

　　我的老伴在國內是位學建築的大學畢業生，在公家

機關當了二十五年的建築工程師，由於她弟弟（三十年前留學美國，得博士學位後歸化美國，並成為太空方面之高級科學家）的 Sponsor，在國內辦了退休，攜眷移來新大陸，這一宗移民案中，連我在內，一共放進了移民五名。當時我與內人在國內都是高級公務員，生活在上層社會，但一到坐五望六且屆退休之年，剩餘價值就無多了。三名子女來美時，也都要繼續進修而不事生產，所以初步算來，對美國而言，只是增多了五個活口，當然也增加了負擔，美國似乎做了件虧本傻事。但在六年後的今天，再來將帳一算，非但在金錢上她未有絲毫損失（我們夫婦倆多少帶點退休金來的），在人力資源方面卻大賺特賺了。當時在這卷宗裡，中華民國就送了他四張大學文憑，外加一個碩士學位（大兒子在國內得了碩士學位才來的），以及一個初中未畢業的學生（將來能否為美國帶來一個諾貝爾獎得主，不敢奢望）。時至今天，在這些成員中，一個變成電腦准博士（大兒子來此又得一個碩士後，繼續通過了博士考試）的高級研究員，一個變成出自 FIT 的時裝設計兼會計員，一個同時主修電子工程及電腦的大學三年級學生，一個尚有點剩餘價值的電子技術員，以及一位大學畢業的「家管」。連帶地，大兒子在此娶到一位當時飛遍世界的空服員，現在也是電腦系畢業而在美國最大電話公司工作的太太。像這種成員的家庭在國內不算多，但在美國新移入的中國人中卻比比皆是，比這種組合更優異的也不在少

數，而他們大半都像我們在自己祖國已具備了深厚的基礎教育才來的。美國不勞而獲得培育好的半成品，稍加琢磨包裝就成精美的產品。這些產品為它帶來高水準的利益，還撒了優良的種子，你能說美國不是賺了嗎？

　　誰是輸家，誰是贏家，可能見仁見智，無法辯出一個結果來，但是我敢斷言，美國對移民這檔子事是穩賺不賠的，否則就不會不時的「大赦」一番了。

【美東時報】
1987-06-29

只有真小人或僞君子

── 才是龍的傳人

鐵　夫

　　讀者諸公見此題目，請別先動氣；我不是數典忘「祖」，也非妄自菲薄，而是說你我正人君子是屬於華夏炎皇子孫，而絕非「龍的傳人」。只有真小人或僞君子才肯定是龍的傳人。

　　當然，龍種中有的是氣勢非凡，英雄蓋世的「傳人」，但他們所繼承到的和發揚光大的，是「龍的權勢與威武。他們來到「人」世間，與龍要爭，與虎要鬥，才能達到你我正人君子所做不到的「本能獨大」的目的。因此，「龍」遂成爲中國歷代王朝無上權力的象徵。在其宮中，無論是穿的、戴的、坐的、住的，乃至戲台、眠床無不以黃龍爲記；所下的「蛋」無疑也就是「龍種」。

　　「龍」，在中國人的心底深處，早就成爲顯赫權勢、唯我獨尊、至高無上，甚而神聖不可侵犯的標記。庶民如能攀得上它，那怕沾到一滴髒尿，也就覺得「龍」味無窮，馬上立碑來永誌拜念。海外遊子們多自詡爲「龍

的傳人」以壯聲勢；當青年學子在異邦有所傑出表現時，凡我華文報章雜誌，無不冠以「龍的傳人」以強調其「種」之優異。其實，他們是炎皇子孫，而不一定是「龍」的傳人，除非他日後一味追求的，也只是「龍」的權勢而已。

　　中國人，不論你出自何處，長於何方，只要在成就上能大放異彩的，人們多喜歡將之歸「功」於「龍」的「種」。但當你有丟人現眼、愚昧無知、橫行跋扈、欺壓百姓、專制暴戾……等遺傳性的「習慣」「嗜好」時，也有人曾將之歸「咎」於「龍」，因為這些是「龍的傳人」才具有的「共同」性格。

　　近有三五有持（美國籍）無「恐」之徒，居然膽敢哀聲嘆氣，自命金聖嘆再世，對兩岸四十多年的「政績」當起「評鑑」來了。在海峽西邊的，自尼克森將其鐵幔拉開後，一切醜態已表露無遺，近來的傑作，也由於袁某的「精彩」演出，更是欲蓋彌彰，而被「評」為病入膏肓了。至於對岸，雖然現在正是銅臭薰天，但究其既往，相比之下，卻也遭到「一百步笑五十步」之譏。其中偶或有人挺身「衛道」，譏者也常能舉出許多當年為人所不齒之大小動作；以致三五知己常常爭得面紅耳赤，相持不下。有一次仲裁者突以「真小人，偽君子」三字聯來指兩方原是一丘之貉，而結束一場事不關己的是非之爭。當時我卻認為他們並非來自「一丘」，而係出自「共同」「遺傳」的習性，同時只有小人或偽君子才有資格繼承「龍」的基業；所以我就加上了「龍的傳

人」作為此三字聯之橫批。

　　最近劉賓雁先生談中國前途時，其中有一段「……中國最大憂慮不是鄧小平之死……「中國人」最嚴重問題是自身的劣根性……」我認為其中「中國人」應改為「龍的傳人」，因為他所指的是那些掌權當政者，而非所有中國人。同時所指的「劣根性」也並不是每個「中國人」都有，倒是「龍的傳人」都是必定具有的。

　　再說，無論在中文還是英文字典裡，都沒有將「龍」解釋為「善」類。中文字典說「龍」是麟虫之長，雖也解釋為「四靈」之首，也不過是指它比「麟」「鳳」「龜」等三「靈」來得「兇悍」而已。在英文字典中，DRAGON解釋為傳說中會吐火的動物，也解釋為脾氣暴躁的人，在聖經中更視之為諸多魔王中之一，而且常用以作為撒旦之同義字。

　　像如此一個怪物，除非是真小人或偽君子，有誰願作為它的傳人？你還會像候德建一樣來歌頌「龍的傳人」嗎？

　　　　　　　　　　　　　　　　　【美東時報】
　　　　　　　　　　　　　　　　　1990-3-5

那兒來的安全第一？

鐵　夫

簡直拿生命當兒戲
州白雲機場客機被劫撞毀說起

　　十月二日上午，偕同剛從重慶來做客的連襟，到隔兩個街口華人開的雜貨店去買中文報，因為對他來說，一切都很陌生、且新鮮，我就邊走邊以即景向他解釋這「洋場」的行行色色，所以沒有像往常一樣，報一拿到手，就迫不急待地看看大標題。等不知不覺回到家門口，趁開門時順勢將報紙翻了開來，赫然看見斗大的標題，說中航客機在廣州因被劫而撞毀，並有嚴重死傷。因為我的子、媳攜帶著年幼孫女，和女兒，在那一時刻都分別在那一帶過往，雖知他們應該不會去白雲機場，但仍感到忐忑不安。因急著要和香港、台灣連繫，報紙根本再無心往下看。

　　當一面將報紙交與連襟，一面自言自語對那「標題」就做了「論斷」。我說，這場慘禍一定肇因於駕駛員之

「英雄主義」，因為舉目望去，世界上只有我「大中國」才會置旅客安全於不顧，而對劫機者不信邪……。當時，這位剛從祖國來的連襟，對我的「置評」顯露不以為然的神色。一方面可能認為我尚未詳讀內容（其實中共正在管制「消息」，尚無內容可言），不該遽下結論，另外一方面可能我的話傷了他的「民族自尊」。

他認為祖國的飛機「出事率」很低，並說祖國民航也是「重視」「安全」的。當我舉出幾宗劫機未遂卻被制服的事例（有的他在國內從未「聽說過」），試以說明「不出事」不就等於說是對「旅客安全」時，不料他對那些「英勇」事跡，居然還津津樂道。他們認為劫機不能得逞，才真正表示祖國的航空「安全」措施做得「好」。據他說，每當機長成功地制服劫機者，必然會得民航、甚或政府當局的讚揚與鼓勵，並屢次都會列為「英雄事蹟」，讓其他人來相繼效法。所以凡中國民航機上的機長、甚至組員，無不以能制服劫機者為「天職」。每個工作人員都接受過以暴制暴的絕招訓練，卻從未有「順從」於劫機者之應變指示。組員們似乎認為他們自己既有與飛機「共存亡」的決心，乘客非但不該要他們「變節」投降，還應該有包容、鼓勵他們「忠勇」的「雅量」與「涵養」。

那天下午，當他坐我車，在前座不知如何使用安全帶時，才發現他夫婦二人從重慶到北京，乃至飛抵紐約，在中國民航飛機上，居然未曾繫過安全帶。我對中航如

此不在乎旅客安全表示驚訝，他卻連忙辯說飛機上是有
「要乘客繫緊帶的指示燈」的，只是因為不知如何繫，
既無人提示，又無人檢查，嫌得麻煩，一路上就將自己
騙過了，說來似乎還洋洋得意，我趁此機會將親身在大
陸乘國內班機的恐怖情景作了一番描述。又將我從北京
飛上海時，北京機場「安全」人員玩忽職守的事（他們
只顧要將我已放在「托運」行李中的紀念刀具「充公」
把玩，而忽略安全檢查手續，造成我大有從交運行李中
取出足以致命、劫機的兇器，變為隨身攜帶的機會）（請
見美東時報九〇年二月十九日「還我刀來」一文）說了
一遍，以使我那連襟和大姨子瞭解，這些都是中國民航，
甚至中國政府拿旅客生命當兒戲的態度。

　　在我繼續介紹洋人機長在應付劫機時，所持真正「旅
客至上、安全第一」的態度後，他倒慢慢覺得「洋人是
有道理」，對西方人所指的「安全」開了竅。非但不再
爭辯，反而「透露了一則有關多年前1128空難事件、我
所未聽過的「消息」，當然也點頭承認了中國民航妄顧
乘客安全之事實。所謂1128事件，是指某年十一月廿八
日，一架蘇式中共班機在四川墜毀的事件。那是一架老
舊飛機，失事前曾為其己不堪飛行而集會討論，雖然曾
有人指出應立即停止飛行，但會議還是決議，在該機逾
齡退休之前，要作最後一次服務」，以紀念其功成身退。
結果，功未竟、身卻先喪，還搭上一〇八名冤大頭來陪葬。

　　完稿前，從電視上又見到那「演歹徒不必畫臉譜」

的政府發言人，為空難賠償問題，強詞奪理之餘，還不忘統戰一番的言詞，真令人作嘔欲吐。最後還看到民航局副局長（無恥之徒王錫爵），大言不慚地說，大陸民航除了摔掉幾架老舊飛機外，在世界上還算得上是最安全的航空公司之一。言下之意，老舊飛機摔死人，算旅客倒楣。錯不在民航局；並且暗示，對劫機之「反制」是有理的，他也顯露出「不死人」就表示「安全」的機會主義‧‧他的欲蓋彌彰，使想要在國內乘飛機旅行的人們，會捏把冷汗！

【美東時報】

10/28/1990

國民黨與啤酒皆我同志焉！

景　亮

在美東時報常見「啤酒王」先生的大作，非但內容豐富生動，所具「姓名」也頗有趣味。

按照我中國「姓名」習慣，「啤」為其尊「姓」，「酒王」則為其大「名」，應該是毋庸置疑的。大名「酒王」，也許確保令祖或令尊寄望閣下承接其餘威、繼續稱霸於世而所取的「名號」，也可能係請由姓名學家，應用易經玄奧之推理所得。名字如何取原來都無可厚非，然而在龍傳人中，姓「啤」者似屬絕無僅有的「少數」。

小弟為恐因才疏學淺，孤陋寡聞，而導致對別人名諱有所冒犯，在作此論斷前，曾認真地查閱過幼年在私塾啟蒙的第一本書—百家姓，結果並未見到有姓「啤」者，再查字典也僅指「啤」為 Beer 之譯音云云。一日，正納悶，突然福至心靈，「猜想」起「啤酒王」大概就是「喝啤酒的大王」之簡稱。我此一得意「猜想」居然從 221 期美東時報一篇國民黨皇后分部之「一位老兵」

向國民黨員（本人也曾是）招魂文—「啤酒王回來吧」中，獲得佐証，至少「老兵」先生增強了我「猜想」的「正確性」，因爲「老兵」先生認定「啤」先生也是喜愛「杯中物」的同志。

「老兵」先生認「啤」先生爲「同志」，顯然係出於雙重關係—「革命」與「杯中物」。我之對「啤」先生牽絲又攀藤，也因爲自認與「啤」先生有此「二志」一同。不過我與「啤」先生爲「杯中物」稱同志，似有攀龍附鳳之嫌。我喝的雖是啤酒，然其量之小，簡直不敢與「天兵」「大王」高攀，僅能聊備「同志」一格而已。

我對「酒」雖無惡感，但對它總有些小生怕怕，如果稍有不慎，或自不量力，不是會弄得暈頭轉向，就是會向老伴吐出藏在心深處的秘密真言。尤其自從心電圖與血壓計示警過後，就連鼻聞 OX 白蘭地的癮（往往情不自禁啜上幾口，繼而一飲而盡）也戒除了。然而近十幾年來，我卻與啤酒結下不解之緣，而弄得每天不能沒有它。

我之開始「喝」啤酒，正如當年「加入」國民黨一樣，並非「完全」出於「志」願。然而今天對啤酒的「鍾愛」，倒也有點像「加入」國民黨後之對黨「忠貞不二」的情懷。來美後可被國民黨一揮手就淪爲「失聯」份子（見另文「話題之二」），然而對「啤酒」，可不那末容易一揮手就拜拜的了。

有時剛巧酒窖無存（啤酒），只要三天不親芳澤，

泌尿系統就會搬出腎裡的「石」頭來頻頻發難，甚至整得我汗珠直冒，就地打滾。已經不止一次在家庭醫生也愛莫能助之際，半夜三更，著兒女開車出外覓他幾罐來解危。不管什麼品牌只要是那門子「馬尿」，對我都管用。有時灌下一罐無動於衷，緊跟著再加上一罐，就能將憋在裡面足以中毒致死的尿水帶著「寶石」一併擠出，從而避免了勞師動眾送醫急診。不過排尿時那一陣劇痛，保証要你眼中金星直冒，隨著的一股弄得便斗通紅的鮮血，也會令人驚嚇。然後在一兩分鐘內所感覺到的舒暢，倒又是難以言喻的。此幅情景似與婦女生產相像，所以每當此刻我必向老伴大聲宣告，哈，我終於又「生」啦！

　　既有腎中「結石」常作難，本應多喝水份清除之。然因白水無味難下嚥，遂聽「忠言」，以喝啤酒來「騙」水進。家人明知我對啤酒並無大興趣，還要譏我是藉機「呷酒」。其實啤酒除水份外，其中 10% 之酒精頗有鬆弛神經，幫助防止淤積之效。因此醫生雖不拿「啤酒」當藥方開，但並不反對病家之「喝啤酒有理」之說。

　　我對啤酒雖無偏好，卻不能一天不喝它。即使在外過夜做客，也必自帶幾罐，以備不時之需。前年在大陸作「絲綢之路」之旅時，參加的是「美國華僑」旅行團，一路上，所幸即使遠在天邊的戈壁大沙漠，中午晚上的飯桌上，都會有啤酒供應，才消除了心理上的壓力。我喝啤酒的量不大，價錢也不貴，有能力天天灌上一罐。可是成年累月喝下來，當家人問到一歲半大的孫女，「爺

爺怎麼樣？」時；她總毫不遲疑地掀起上衣，挺起肚皮
來裝我大肚子的模樣。這當然也是拜「啤酒」之賜。

【美東時報】

1991-01-13

他媽的，巴個呀囉！

謹防糖衣砒霜・害死人不償命
可惡日本鬼子・罵牠唯恐不深　　　　　　鐵　夫

　　記得民國三十四年，抗戰勝利舉國歡騰時，上海，無論是大學，中學或小學，上作文課，老師無不趨時髦，出個有關倭寇投降的題目來應景。當時就讀的復旦實驗中學高一班，老師也出了幾個類似的作文題，要我們這些久被抑制的順民子弟，發洩一下抗日的情緒。老師在批改後發下作業時，每個同學所表達的、喜、樂、哀、怒都讚賞了一番，惟獨對我的「大作」大加撻伐。那並不是因為我「洩恨」得不夠，而是因為我在「日本」兩字左邊都加上了反犬」。

　　他無意要指正我的「筆誤」，而是訓斥我不該將日本「人」貶為「畜生」。他認為日本侵略中國，固然曾喪失「人」性地殺了千千萬萬的我國軍民同胞，使得全國生靈塗炭，民不聊生，但他們總還「算」是兩隻腳走路的「人」。他說我將日本人歸屬為「畜生」類，似有欠「恕道」。當時雖然全班同學都對我這個「倉頡」造

的「犬旁日本」感到大過其癮，但經老夫子站在「人」道主義上一訓，大家不禁啞然。

現雖已年隔四十六年，對老夫子的這一「訓」至今尚記憶猶新，耿耿於懷。我仍覺得當時「造字」有理，尤其當今天心中紀念七七之際，見到由老弟兄（曾在某種稱兄道弟的場合有過見面之緣）費吳生的女兒所提供之南京大屠殺照片，不禁「火」又從中來，非但要為當時「造字」翻案，還想徵求有志一同之士，「造」出更能表現出其猙獰面目的字眼來，稱呼這等禽獸不如的倭寇。如果復旦實中那位老夫子還在「人」間，我倒要揪他出來，擰著他的脖子，叫他往後看看，鬼子們那一點像個「人」了？

處心積慮，要抹殺南京大屠殺罪行的，不只是石原慎太郎一個人，而實際上是獸性永不泯滅的整個野蠻民族。牠一方面將侵略鄰國血腥事實儘量抹殺，另一方面又說美國人那時賞以「衛生」原子彈，是美國人「殺人」行為。四十多年來，非但未向受害最深的中華民族表示過絲毫歉意，也從未停止過抹殺事實、竄改歷史之企圖；反過來一次又一次迫使扶持它從廢墟中重振復興的冤大頭─美國負「道義」責任。差不多每屆總統都要前往為著先人的「不是」而向他們致歉。戰後美國大兵向它們「無恥之洞」塞進無以數計的花旗票子不知感激不說，將牠養成了一條吃人不吐骨的經濟大肥熊，還說是理所當然，甚至猶嫌不足哩！

這等對中國人賴（血）債，向美國「算帳」（原子彈）的無恥行徑，實際上就是它仍然繼續不斷進行侵略陰謀的障眼法。不過此番來侵，用的不是直接殺人放火，而是更陰險的「經濟」。「經濟侵略」可不見血刃，然其害之深比鐵蹄刺刀還要厲害。被侵者吃其糖衣砒霜中了毒不自覺，還要向他感激涕零。

其侵略目標固然仍然指向世界，走的路線卻和當年軍國主義所走相同，爲要達到併吞中國的目標就先對付「愛管閒事」的強敵美國，唾手可得的當然還是其「老奴」台灣。也許奴性未泯的人士要說我是以小人之心度君子之腹，可是牠近來的表現，在在都證明本君子之眼，已看透了這條大野狼的心。

美國在戰後對這個「敗國」不遺餘力地「扶持」，並容忍它肆無忌憚地傾銷商品，侵佔市場。有意無意讓它竊取工業機密（KNOW HOW）不說，還要任它無孔不入地設廠生產、落地生根；在美西用在美國賺到的錢買下無數的土地與房產，在東部，更控制了許多的象徵金元王國，甚至影響國譽的著名建築與企業的股權。它提供的許多就業機會，使老美窩透了心。但說不定有一天「天皇」一頓腳，布希（註）就要歪著嘴巴乾瞪眼。日前「海部」在前往倫敦途中順道來訪，看他這副嘴臉倒有點像在巡視其一海外事業」。

中國大陸是它一向鎖定的侵略目標。二次大戰之前它利用龍傳人互相之衝突，漸漸掀起了侵略戰爭。戰後

復員，再次利用國際間之矛盾使「中國」不斷向牠招手，而任其再將毒素遍佈中華大地。

此番「海部」訪華，原是為八月初，由於「海部」要在八月六─八日間，參加例行的「鬥爭」大會（每年抗議美國在二次世界大戰末期投原子彈於廣島、長崎的紀念大會）而將行期改為八月中旬，中共為「感恩圖報」，非但毫無異意地任其隨心所欲改變行期，還要將原定在北京舉行的世界性之「日寇南京大屠殺紀念大會」取消，以博「海部」龍心大悅。這種只許牠「抗議」，而不許我同胞在自己國土「紀念」的霸道行為，就明顯表露其在中國大陸再侵略之初步「成就」。

至於台灣，牠一直將它視為當然「屬地」凡是像個樣兒企業，不和它掛鉤的又能數出幾家？它對台灣的「賜惠」，使得台灣對外貿易辛苦賺得的幾個出超外匯，絕大部份進了對它入超所虧。在它們眼中台灣的地位仍和以往一樣，是牠外侵的跳板。它在台灣本土使許多走狗膨脹得舉足輕重，甚至影響國家政策；牠們的「顧問」可以公然直竄中央機關左右國策，干犯法紀。有關此點，可從長榮事件略見一二。長榮為航空公司之受責，憤而要退出國家建設，使全國上下嚇得混身發抖；結果不分青紅皂白還是讓它按照「既定」時間一飛衝了天。從此可見日寇「經濟侵略」之牛刀小試。

長榮能以撤出「退出國家建設」之「殺手鐧」而使政府亂了方寸，是因為它允諾參與建設之資金數目大得

足以影響建設計劃。至於此「巨資」來源，明眼人都可從此次爆發之醜聞中一見端倪，長榮航空事件雖落幕得不十分光彩。然能從此見到「經濟侵略」之陰影，倒也足以提供北京中南海諸公、美國佬、乃至世界各國作為借鏡。

　　後話：日本人對中國人民是否真有友誼，端賴它對這次大水災之救濟是否「大方」「真心」「誠意」了。說不定會像在七國高空會議上一樣聲稱，要它援助蘇聯必須先解決若干「利㘵」—日俄間之「問題」，以達到它一貫侵略陰謀呢！

【美東時報】

1991-07-28

從親屬關係之興衰
── 見中華文化之式微

景　亮

　　當落籍海外的炎皇子孫，在西洋文明社會裡遭到挫折屈辱時，總喜歡發揮阿 Q 精神；以自己係來自有五千年固有文化的祖國之「氣度」與「胸懷」，對蠻夷」之「無禮」予以「寬恕」，並裝出一付大人不計小人過的模樣。由於中華固有文化的確深奧偉大，華人固然常以此為榮、為傲，洋人也會覺得相形見拙、自慚形穢。

　　中華文化之恢弘，決非三言兩句就能說得清，然而國人要向洋人炫耀我國文化時，常用親屬間之「稱謂」就可將洋人說得口服心也服。當中文老師掛起親屬關係圖，來說明不同「稱謂」，非但竹生（土生華僑 ── ABC）會看得瞠目結舌，就連從國內剛來的青少年，也會感到新鮮、好奇。他們在理解到這就代表著我國五千年文化結晶之一部份後，自然也就會翹起大姆指，向洋同學誇耀起咱們老祖宗傳下的固有文化，並猛批人家的 Uncle，Aunt 以及 Cousin 等，含糊得如此缺乏「文化」

氣息。

　　若要洋人指出誰是「姑父」，他必須告訴妳，那「Uncle」是父親 Side（方面）的 Aunt（並要說明此[Aunt]是父親的姐姐或妹妹，而並非也是父親 Side 且也稱 Aunt 的伯母）的丈夫，然在咱們的文化中，對不同關係的「Uncle」，早就有了諸如伯父、叔父、舅父、姨父、姑父等適合身份的稱呼，決不像洋人那樣一律「恩哥兒」就了事的。且大可不必那麻煩，要一層層地套出關係來。

　　說到洋人的「Cousin」，更是一表三千里得莫名其妙，非但要指出是父親 side 或是母親方面的兄弟或姊妹的「孩子」，而且還要說出是「男孩子」還是「女孩子」。

　　一天，單身同事約翰，有 Cousin 從中部來訪，並要在他「家」住上幾天，他非但要請假陪伴，還要忙著張羅寢具和化妝用品等。因為平時談得來，見他如此忙碌，不禁好奇問他：「一位堂兄弟（我以為）來訪，為何要如此大費周章」，他先是只笑不答，然在我再三「追問」下，他才很不自在地說出，這位「Cousin」是他 Mother Side（母親方面）的 Aunt（還得說明是母親的姊妹，並非也屬母親方面且也叫 Aunt 的舅母）的「女」兒。啊，原來是位小姐要光臨！難怪他要如此殷勤緊張了。但如果他一開始就說是「姨表妹」（或表姊）咱就不會不知趣地要他覥腆、尷尬為難了。可是洋字典裡就是找不出「姨表妹」這個「名詞」來。

　　咱們的親屬「稱謂」，儘管是文化結晶的一環，可

是近年來，非但洋人或竹生對此毫無概念，就連國內的青年人，也不見得弄得清楚這些稱謂之關係；現在已經是如此，將來更糟，甚至會糟到連 Uncle、Cousin 等「一掃光」的名詞，都不知道所指為何了。

試想，現在的中國少年，就已沒有了兄弟與姊妹，再下一代當然就不會再有 Uncle、Aunt 之「輩」，到後來，更不知道 Cousin 為何方神聖了。查英漢字典所得到的解釋，說不定還以為 Cousin 所指，只是美國政治漫畫家勞瑞筆下的「李表哥」呢！

常時期的「一胎化」，非但將使親屬稱謂簡單得只有父、母、子（或女）、祖（父、母）、孫（子或女）、外祖（父、母）、外孫（子或女）（充其量加上個公婆與媳婦，岳父田與女婿的關係），就是國人向來也引以為榮，且也視為文化結晶一環、洋人稱之為「家庭樹」（Family tree）的「家譜」，也會從以往像似蒼勁茂盛、遮天蓋地的千年蟠龍松柏；變成一棵光禿矗立的椰子樹。如果有一代「不爭氣」，生個女兒，那這棵樹（Tree）就要變成一「段」斷了根的枯萎枝椏，而被人遺忘、丟棄。國人也就再不能拿這棵比「布希」（Bush —— 小矮「樹」）都不如的「家庭樹」（Family Tree）來擺「譜」、當作佐證，向洋人炫耀咱們五千年固有文化了。

依照「一胎化」的「規定」一對夫婦只「准」生育一胎」，假使剛巧每代生育的男女數各半，人口就會逐代對半遞減。一百年後的人口將恢復到一百年前的數

目。屆時非但「親屬稱謂」與「家譜」等文化，與洋人
相比，將瞠乎其後，就是整個中華民族亦將淪為沒有文
化的民族，因為到時人們都將無法想像咱們「五千年固
有文化」為何物。當然再不會有人能寫得出像巴金的
「家」、或像瓊瑤的「婉君表妹」等以固有文化作背景
的文藝作品，因為那時親屬中的「關係」都將蕩然無存
了。

【美東時報】
1991-07-07

個把巧婦，你等會
—— 一個有胎記，一個含胎「毒」

鐵　夫

　　我到年近花甲才學寫，當時曾立下一些寫作範圍，其中有一條就是不寫「政治」問題。其原因不外乎我根本不懂「政治」，深怕引起筆墨官司，尤其怕被任何一方列入黑名單而變成鬥爭對象，劃不來。另外，因為我從小所瞭解的政治是齷齪不堪的玩藝兒，怕沾污了手，所以始終不敢去碰它。今天所寫，也許會沾到一點臭腥味，但並不意味著我已懂得政治，更不是因為它比以前乾淨了一些些，只是因為我的瘋言瘋語得到了應驗，在得意之餘，來喜笑怒罵一吐為快。

　　當蔣經國先生去世之時，西方共產極權祖國出了「個把巧婦」，他天門蓋上有塊非常明顯的胎記，我想各位就能想起我所指的是誰了。他從一個藉藉無名的共產黨員，擠身到蘇聯的最高權位，那時他正代表共產黨主宰著半個地球，論權勢，他是不可一勢，如果他繼承共產祖業好自為之，絕對能混出比史大林還要出色的「魔王」

頭銜來。可是正當他大權在握、大有作爲的當口，他卻很不爭氣、沒有出息地向其世仇、資本主義頻頻示好，甚而那微不足道的諾貝爾和平獎金，也要與世人來分杯羹。尤其怪的是，他居然允許他的人民有宗教信仰的自由，對無神論的共產黨而言，簡直是不可思議的怪誕行徑，無異是手拿紅旗反紅旗的叛逆。他的所作所爲我在無意間一直注意著，我也一直和家人戲言，說他才是世界上真正最偉大的反共專家。

　　常言道，擒賊要擒王，當年世上最偉大的反共領袖老總統蔣介石先生，想取的就是毛酋的首級，但是在王對王的對峙下，要取下對方腦袋瓜子談何容易？在蘇聯，要取下主子首級而圖謀造反，更是難上加難。因此該時世人咸認，一旦淪爲共產附庸，就休想再有翻身之日，人們所能做的反共努力充其量只是消極的「抗共」；要滅共，早就被歸屬於「無望論」了。可是在二十世紀末葉，在共產祖國卻出了這樣一個「巧婦」，他雖未高喊反共抗俄，但卻就地徹底埋葬了共產主義，瓦解了鐵幕內的蘇維埃聯邦；他那石破天驚的舉止，震撼了全世界，並且改寫了今後的人類史。他比蔣老先生厲害之處是，既然擒王不得，乾脆自己當起賊王來，就這樣不費吹灰之力革了共產黨的命。所以我稱他爲人類史上最偉大的革命家，應該也不爲過。

　　說它無巧不成書也好，無獨有偶也可以，西方出了個有胎記的「個把巧婦」，東方卻出了個有「胎毒」的

「你等會」，他的作為與「個把巧婦」有異曲同工之妙。
也就在蔣經國先生去世之後，他名正言順地龍袍加身不
說，那些「送臭魚」、「殭艷屍」等諂媚謀士假傳死無
對證的蔣先生遺訓，獻計的獻計，哭靈的哭靈，乘勝追
擊，加上一把勁將他擁上了至高無上的主席寶座。那個
時候我也曾和家人戲言說：東方也將出現一個「巧婦」，
不過他要埋葬的是三民主義，要瓦解的是中國國民黨執
政的中華民國。

「豬搞政」這位老兄，當年在民主殿堂裡的下三爛
表現，小民我對他這位大博士問政態度實在不敢恭維；
當他在法拉盛當著大街豎起「中指」向眾位僑胞行見面
禮時，我從心底裡卑視他到了極點，也為他的選民盲目
無知感到臉紅。但是這次年前在世界日報上給「你等會」
的公開信，倒使我減輕了對他的成見，甚至對他起了三
分敬意。

他這封公開信在我讀來，可說是字字是血，句句有
淚；他所數落的不忠、不誠、無情、無義，都是有目共
睹而大家想一吐為快的真言，在這位博學多才的政壇頑
童引經據典的訴說下，實在教人讀來感嘆不已！

不過，他對「你等會」的心態分析，似乎洞察得不
夠透，也不夠深。「你等會」曾因「胎毒」發足而險遭
不測，要不是「殭艷屍」及時搭救，即使不致魂歸離恨
天，至少也會落得有家歸不得；這段往事我等草民固然
是道聽途說來的，但像朱先生這樣博學多才之政治人物

不會毫無所悉，爾今對「你等會」作心態剖析而不將此點一併考量，難免會發生偏頗與缺失。不知朱先生是有所顧忌呢還是裝佯？

　　草民我認為，假設上面所說的一段往事不是空穴來風，那「你等會」目前的心態與作為不但想當皇帝，他正處心積慮要用「個把巧婦」的相同手法來毀滅他的「宿敵」；所不同的是，「個把巧婦」所埋葬的是人類的公敵，且並無私念私慾；他埋葬了共產黨，也斷送了自己的美好前程。而今「你等會」就大不相同，他毀了自己當主席的國民黨，非但可以使其毒計得逞，還可英雄式地當「胎毒」之王！

　　如果將其「胎毒」因素一併加以分析，就不難理解到他為什麼非但要將國民黨搞垮，還要蔣家滿門趕盡殺絕而報一箭之仇的道理了。從此也可瞭解到為什麼一個執政黨的主席，不顧黨內同志的諍言，而要專橫地隨著含「毒」的反對黨的音符來起舞。他動輒指使並縱容反對黨抗爭造勢，得以藉極少數的「民意」來挾持執政者，以達到其裡應外合的陰謀目的。

　　他看上去好像忠厚篤實，但他的行徑卻是個無情、無義、不忠、不誠的偽善者。每當他得意忘形的時候，就會去謁靈一番，人們可能以為他是在飲水思源，但看他如此對待蔣氏家門，他站在那裡對經國先生說的可能是：「你們蔣家終於落在我手上了，瞧我如何慢慢發動『毒』招來鞭你父子的屍吧……」，實在難以證明他不

是兔死狐悲！

　　朱先生，請你省點力氣，不要動肝火，對一個從來就含「胎毒」的僞君子，不要期望過高；你想，一個自稱爲虔誠的基督徒，居然毫無畏懼地到處去拜偶像，他騙了耶穌，也騙了觀世音菩薩。他連神明都膽敢騙，我等平民百姓更不必提了。不過，你也大可放心，上天會有眼，他的種種罪過不是不報，只是時間未到。

【美東時報】

1993-03-14

一個「中國」，一面「旗」

鐵　夫

青天白日滿地紅，日月星辰五族共，
炎黃子孫齊傳薪，何忍相煎不相容，
大地飄揚一「國旗」，象徵兩岸已一統，
一個中國是「中國」，光耀世界促大同。

這面旗幟上的瑰麗三色圖案，除了家人和極少數同事見過其剪貼成的初稿外，所有的中國人看起來都可能覺得似曾相識，但又確實未曾見過。這是我一九八五年前，還在紐約某公立高中工作的時候，爲「統一」後的中國所設計的「國旗」。因一直沒有捨得丟棄，至今這幅五彩的原稿還夾在一本中文字典裡面。因爲常常查閱字典的關係，上面的五顆星星已殘缺不全了。

凡見過兩岸「國旗」的人，一眼就能看出，這是中華民國和中華人民共和國的兩面國旗之結合體。當時兩岸雖然不再處於軍事作戰狀態，但要談論「統一」還得看看週遭有沒有特殊身份的人。當我將這面「國旗」展

示於無論是來自台灣的或是大陸的學者面前時，一致認為，如果我將此旗隨身帶到無論是岸東還是岸西，都會被扣上「共諜」或「國特」的帽子而拘禁審訊，甚至有隨「旗」而「飄失」的危險。為了明哲保身，不願因此「旗」而在赴兩岸探親途中遭到不測，所以一直將它留著自我欣賞把玩。

「國旗」「國號」一直是兩岸在外交戰場上爭論不休，且互不相讓的死結；大家都在耽心，「國旗」和「國號」問題將是未來統一前途上一道障礙。在海外當然自由得多，你可反對對台「統戰」，也可大談「反攻」無望論，「和平統一」更是旅居海外的龍傳人的一致願望。所以長久以來，在「統一」大業方面，可以常常見到，有許多的專家學者發表過無數宏論；獻計的獻計，建議的建議，都希望能有個兩全其美之計，以滿足、取悅於各方心存意識形態的龍心。我這面「統一後」的「國旗」就是這樣誕生的，在同時也為祖國取了一個放諸天下皆準，且天下所有中國人都樂意、所有外國人都懂得的「國號」，叫「中國」（CHINA）。

既然大家都認同中國只有一個，要找一個既能含蓋「中華民國」又包括「中華人民共和國」在內的「國號」，「中國」（CHINA）　就再合適也沒有了；非但既是中國人再沒有了爭議的藉口，在國際上，「中國」所指，從來也就是我中華民族的「國家」。當時毛澤東要是一上來就「佔用」了「中國」，就不必到死還在懊惱因將

「中華民國」改為「中華人民共和國」而自淪為「匪寇」，蔣總統也不好口口聲聲以「法統」自居了。

至於「國旗」，我走遍世界見過許多的國旗，總覺得青天白日滿地紅，是所有旗幟中最為美麗的；它是令人一見就肅然起敬的象徵。但是，這半個世紀多以來，一直是共產黨人望而生畏、以致隨時隨地都要加以排斥的象徵。

再看那一天星斗也是滿地紅的「旗」，起初一般人認為那五顆星是漢、滿、蒙、回、藏五族共和的表徵，居中的則是我大漢民族；但據來自大陸的學人說，實際上那五顆星代表的是五個黨，當中那獨大的當然是共產黨；難怪當年被共產黨追打得像喪家之犬的國民黨人，在極度恐共的心態下，要視之為誓不兩立的眼中釘了。

兩岸都在意識形態下看對方的「國旗」，當然會兩不順眼了。但是那是既成的事實，又誰也沒本事叫對方消失，所以既然彼此都有「統一」的意願，只要在同一「旗幟」下互相「容忍」就不難達到目的了。

再就「統一」前的兩面「國旗」圖案來說，彼此都有些缺失，譬如，青天白日滿地紅的「白日」外面那十二道光芒，雖然代表著干支，且含蓋了所有時辰，但是一般人總感覺得它代表的只是白晝，似乎不夠週延。

剛巧，中國另一半的「中華人民共和國」國旗上只見星夜而不見白日，現將兩幅都是「滿地紅」而都只代表中國「一部份」的「國旗」拼在一起，且把那五顆閃

亮的星星，重新解釋爲「漢」「滿」「蒙」「回」「藏」
五族共和，豈不是更可以代表「整」個「中華民族」之
「國」──「中國」了嗎？！

　　另外，讓各方自稱的「國旗」融合在一起，也可顯
得是出於互相「包容」而獲得的「和平」「統一」。更
何況這樣構成的「旗幟」，是世上最富麗堂皇，且深具意
義的「國旗」！祇有它才足以代表這世上最偉大的民族。

　　希望有朝一日，這面畫有雙方圖騰的旗幟，能飄揚
在原屬「一統」的神州大地上。讓咱們十三億同胞都能
幸福地在這面「統一」的旗幟下共享人生。

　　但願鐵夫我，不是癡子說夢話，而在有生之年還能
看得到，阿門！

【美東時報】

1993-03-14

身爲中國人

—— 光榮與不光彩

鐵　夫

　　我雖然已入籍變爲美國人，但一直以身爲炎黃子孫而驕傲；在美國，種族歧視的案例層出不窮，然而我所服務的聯邦郵政機構卻是一個典型的，似乎察覺不到有種族歧視的大熔爐，一向被認爲的少數民族—我們所稱的黑人，在我們當中佔絕對多數，白人反而是「少數民族」之一，我們中國人人數倒也還可算得上是少數中的多數之一。

　　因爲人種複雜，黃皮膚黑頭髮夾在當中倒也不顯得十分突出，不管是先來後到的，也不論來自台灣香港或是中國大陸的，都不會有不自在的感覺。同事間的相處，ABC 竹生固然能很快和洋人打成一片，就像年老如我者，也能和這些洋毛孩子融洽相處。

　　大概是地處國際大都會紐約的關係，人們對中國人的看待，再不像二十年前我在美國各地旅行「遊學」時那樣好奇甚而問長問短，而只拿我們當作同事的一份子

而已，有些同事非但樂於接近龍的傳人，還特別關懷我中原的事事物物。對中國富有好感以致心存偏袒者，也大有人在。

二十一世紀將是中國人的世紀，這是目前世人共同的認知，在美國，中學裡固然要將中文列爲主要外國語，一般人也以能懂一點我中華事物爲榮。在我工作的維護單位裡，因爲有三五位龍的傳人在，雖然一大半是連廣東話都講不會幾句的竹生，但有不知就裡的洋鬼子，只要一見黃皮膚的，不管裡面是否香蕉白肉，都樂意拜師學我漢語。以致會常見有人很興奮地衝著我來講話，雖然我不懂得他說的什麼意思？但能肯定他正在說著「中國話」，只是我聽不懂罷了。他們說「中國話」我總不懂，不能怪罪我，當然也不能怪他們，怪只怪他們拜錯了師父。正如我們年少時看到只要是高鼻子藍眼睛的，不管他是土耳其人，還是連一個英文字母都不識的俄羅斯人，都下拜爲師，卻學得滿口洋涇濱一樣滑稽好笑。

起初有幾位懂得幾個東洋單字的年輕人，總喜歡拿它當漢語和我阿衣鳥哀喔一番，經我指點，卻發現我一口標準東京音（其實沒有幾句）後，再也不敢隨便賣弄了。現在非但尊我爲師遠遠看到我就立正鞠一百度以上的躬，還常來向我請教有關中國的「文」與「物」，並且常以能與我對上幾句「國語」而炫耀於其他洋人面前，因而影響到其他同仁也喜欢學會幾句如「你好嗎、我愛你、謝謝、早安、晚安，明天見等招呼用語；當然從其

他中國同仁那裡學來連我也要請老伴（廣東人）來翻譯的「中國話」，也不一而足，有些走樣離譜得簡直令人啼笑皆非。

他們對中國的風俗習慣很感興趣，對中國的一切動態，不論是關於台灣的或是大陸的，也很關心；他們喜歡聽我講些中國的風土人情，或者我的「西遊記」（八九民運後的絲綢之路之旅），也常常將從英文報章雜誌或電視中所看到的有關「中國」事物來和我分享。

有位才調離不到兩個月的「中國之友」，過陽曆年前，寄來過聖誕卡向我賀節，今天，又收到他一張畫有中國圖案的「拜年片」，並附了一個裡面有美金五元的小紅包，簡直叫我不知如何處理。他如此一知半解地詮釋「中國年」，我還得花一番工夫向他解釋。

當他們在電視裡看到李小龍功夫時，第二天一定會來指手劃腳向我說得口沫橫飛，佩服得五體投地。運動場上得獎的只要是龍的傳人，總要向我報捷。得諾貝爾獎的明明是美國籍，只要和咱們沾上一點邊的，一定會被他們歸功於「龍種」。天安門大屠殺，台灣的天然災害，也是他們所關心的消息。柯受良騎摩托車飛越長城，雖然他是來自台灣，但因同屬中華兒女，其歷時僅十秒的驚險精彩鏡頭，他們卻會津津樂道一講再講，其後還要不斷向我打聽他何時再躍越黃河向金氏年鑑進軍。

當他們和我談「中國」時，多半是屬於使人興奮而感到驕傲的事，即使偶而有些不中聽者，但看他們對中

國如此敬畏而關懷，且總喜歡在大庭廣中得意地高談闊論，身爲龍傳人的我們在旁聽起來仍舊會覺得飄飄然，且深以自已爲「中國人一而感到無上光榮。

在他們當著我們而彼此走告坦克屠城，將我中國統治者描繪成嗜殺成性的劊子手時，咱們嘴裡在跟著他們一起咒咀鞭撻，心裡卻在嘔血。因爲這類事只有在一個不知民主爲何物的暴政下才會發生，所以我們可以將一切罪過算在共產政權的帳上，我們身爲被統治者，除了痛恨外，倒沒有因身爲中國人而慚愧的感覺。

可是當他們將 CNN 向世界億萬人們所播有關我中華民國國大代表大會、人們的「代表」成天毆鬥得滿地滾的鏡頭，一再當作世界奇聞傳播，用驚訝且輕薄的口吻當作笑話來講，實在叫我們這些對台灣民主期許很高，且向以高尙文明爲傲的中國人聽，覺得臉上無光，因爲就地打滾扭成一團的個體，都是在咱們自認爲文明的民主制度下，由包括大家自已在內的人民投票選出來的「代表」，他們的動作也正代表著選民的粗暴與野螢。

縱然那些樂於偏袒中國的外國朋友，傳揚這類新鮮事時的心態，係屬於友善的關懷，我們仍難免爲祖國發生這類不可思議的醜事覺得羞愧而無地自容。

【美東時報】

1993-02-13

台灣貨，領教了

── 人小富社會大貧的聯想

鐵　夫

　　去年國府司法院長林洋港先生來訪，由於他的魅力不減當年，在我華僑社會造成一股強力「阿港伯」旋風。他的投手舉足、一言一行無不贏得廣大僑胞的熱烈掌聲。我個人則對他用「個人小富，社會大貧」來描繪台灣當今政經的印象極為深刻。

　　台灣「錢」滿腳目，且人人向「錢」看的結果，非但因不斷掏空社會荷包，導致公共設施、環境保護等趕不上時代需要，而使這個社會顯得極「貧窮」；還由於眾矢之「的」只是「錢」的關係，多年來導致文化領域以及精神生活顯得尤其「貧乏」。

　　商人不講道德，似已變成天經地義，文人無恥也已為司空見慣的時尚。台灣今天所以之能成為舉世聞名的「暴發戶」，普遍生財有「盜」之「功」，早已掩蓋了官員的能與全民的勤。美國301法案，要將台灣列為首要的報復對象，就像一面照妖鏡，頓時將這個暴發戶的

醜態照得原形畢露。

　　「台灣貨」之「聲譽」，像半世紀前的「東洋貨」一樣惡名昭彰，然而它之仍能見容於像美國這種社會，實在是拜了「經濟不景氣」之賜。因爲人們普遍窮了，只好撿「便宜」貨去買，以致市場上充斥著台灣來的仿冒或僞劣品；它的「瑕疵」當然也就給「一分價錢一分貨」的「自卑」心理容納吸收了。

　　我一生六十幾年的歲月中，足足有一半是在台灣度過，對台灣自有相當程度的情感，當有人對台灣有所批評時，常有代抱不平的心理。但是最近自己也被「台灣貨」折騰得十分氣憤，心理實在難以平衡。

　　去年初，亞歷山大百貨公司尚「健在」，有一天它在報上登廣告「平賣」一種 Canon 照相機，因爲它帶有日曆，正是我所想的那種，就毫不思索地買了回來。因爲期待已久，回到家就迫不急待地想裝上軟片照上幾張。等打開包裝一看，發現它雖是 Canon 牌，卻是台灣製，當時雖然對自己的「失察」有些自責，但看在「價廉」的份上，遂爲自己扣上一頂「愛國者」的高帽子。但不幸當按著說明書逐項對照操作時，怎麼樣都找不到爲「日曆」換電池的所在，經全家動員仔細探究結果；一致認爲它是未經品管的漏網之魚，使得我生起一股無名火。縱然第二天前去換到了我所需要的貨品，但卻浪費了我的時間與精神。尤其在外國人的「台灣貨」帳上又被寄上一筆，實在有點臉紅！也爲無數今後買「台灣

貨」不加細察而被矇過的冤大頭叫屈。

　　洋人做生意一般說起來都很規矩，尤其大公司真能有童叟無欺，包退還洋的商業道德；像亞歷山大的「如假包換」向被認為是天經地義的行為。可是如果此貨係由龍的傳人所賣出，要討回公道就不那麼簡單；最近我正為買了個台灣來的「大興」貨（大陸上對偽劣貨之稱）而纏鬥，到頭來可能要多貼幾個錢換成日本貨，或被胡整一通才能了事。

　　近年因自己所發展出的中文電腦輸入法，獲得突破性的進展，並經多時試驗證實，已經到了完全實用階段，激起我隨時用電腦「寫字」的慾念。所以一台攜帶型筆記簿大小的電腦，簡直變成夢寐以求的至寶。但因其價之高，並非我等業餘「玩家」垂手可得的，以致全家上下都知道我有此思想之苦，也聽煩了我對此之念念有詞。一直到我生日的那天這一將近半年的雜音終於消暱了，因為兒女們集資買了這樣一台電腦作為我的生日禮物。

　　經幼兒在工作、功課雙重壓力下，東奔西跑、精挑細選，買了一台說起來應該是既實用又經濟的所謂 Notebook 型的電腦，可是因為它是台灣做的雜牌貨，卻給我帶來許多煩惱與氣憤，而且已經連續糾纏了將近兩個月還沒有完全脫離精神困擾。

　　首先發現的是其容量與廣告、甚至樣品的規格不符，廣告上 4MB 的 RAM，開機顯示出來的卻只有 1MB，顯然大有出入，身價當也不同。經以電話與經銷商連絡，

得到的回音是「進口商說，這是不可能的事」，並且言下之意，這是因為我不懂電腦才發生的誤會云云。百般無奈，只好應其要求，冒著大熱天，拎了十來磅重的「寶」，由老伴陪著，乘地鐵前去城裡經銷商處，當面證明給他們看，才在最後總算換得一台 4MB Ram 的同型機。在其間，經銷商與進口商之間有段使我至今尚無法釋懷的對話；當經銷商以電話告知進口商說「該台機的 Ram 的確不是 4Meg，而充其量只能算是 1.6Meg 多一點」對方說些什麼其他話不得而知，但經銷商轉告我的一句話，卻使我至今還在納悶，他說對方說：「不是 4 個 Meg 但也不是只有 1 個 Meg 啊！」，言下之意我說錯了話，不應該。另外，亮度「BRIGHTNESS」調整失靈，因見到沒有一個是好的，就任憑經銷商用對比（CONTRAST 之「能變化」來敷衍搪塞了事。

　　後來我在到加州的旅途中發現廣告說可以用 2.5 小時的電池，才開了幾分鐘機，就連連警報「電池光了」，顯然電池或充電器出了毛病。回到紐約就與經銷商交涉，當然在他找進口商之前，非但我得費一番口舌，我這老電機工程師還被揶揄一番，說我應該懂得這些新玩藝兒，簡直使我難以為情。幾乎不敢再去自找沒趣了。所幸經銷商雖然嘴裡不肯承認「錯」，但總還有「使顧客滿意」的意願。某晚前來取去，送往進口商修理，並在當晚深夜送了回來，並很自信的說問題完全解決；同時自動附送了一個電池作為備用，以示慰問補償，可惜，

結果電池情況並未見得改善。

　　為了爭取本身應有權益，只好硬著頭皮再找經銷商；因為來往次數多而熟了，就奉勸他們對這類供應商的品質要多加注意，以確保「買賣」雙方的權益，並維護本身信譽……，孰料他給我的回應，比地攤賣膏藥的還要次一等：他的意思是要我認了算了，這個牌子的電腦所以之賣得如此便宜（其實將近一千四百元不是個小數目），就不能要求十全十美的，要不然就為我換一台日本貨，不過因日貨品質好，同樣規格的貨品如果要換，還得加上至少三分之的差額。經再三思考，為免除繼續不斷的後患，就講定貼錢換一台日貨，也可免得兒女們的一份孝心被沖淡。

　　一個難得公休的夜晚，由老伴陪伴摸黑開車找到經銷商的家，預備移轉軟件並作交換。可是一進門發現他們已另外準備了一台與我同型的機器，顯然他們還是要推銷台灣貨。當時認為人家既有誠意以新品交換，且可免除價格上的爭議，也就開始再換軟體的作業。

　　在起初工作的一小時中，電池的運轉情況似乎不差，可是一當我的中文程式往上一掛，銀幕就變得有頭沒有腳，怎麼調都無效，當經銷商與進口商連繫時，對方第一個反應就說我的中文輸入程式有問題。他們在電話裡經過一番討論後，經銷商就決定立即將兩台機器一齊送到進口商的家去檢查。等了約摸一個半小時回來，但只帶回我原來電池不好的那一台：他說原來的電池的

確不好，現將新的那台的電源部份換過來就好了……因那台已經有我仍屬機密的中文電腦輸入法在裡面的沒有帶回來，我正納悶，那經銷商說已將我所輸入的程式都消掉了。但願不是「此地無銀三百兩」就好。在我臨走要索回那贈品（備用電池）時，才發現完全同機種的機器，電池居然不同的。這樣，只好自認沒有福份消受這份外塊，不過，將來如要換電池又得費周章了。

我對買這台電腦的過程所以之描述得比較詳盡，是因為其中代表著一些「台灣貨」的典型問題。同時，我之未指名道姓或作明顯的射影，則因為這類惡劣現象正普遍存在著，只想能藉此引起廣泛注意，而不願意因此傷害到某些特定對象。

在這次買賣中，包括他們示範用的一台在內，我一共「用」過他們同型式同品牌的筆記簿型電腦四台，很不幸，沒有一台是完整無缺可以賣錢的，最後勉為其難接下的，還是用第三、四台的零件拼湊「組裝」而成的。這台「非原裝」貨，因為動過如此大的手術，實在無法想像將來的後遺症會怎樣？況且改裝後的電池，也只能連續使用一個半小時不到，尚與規格相差甚遠。

從以上的事例中，可以看出一般台灣雜牌劣質貨品以及其「外」銷的真貌：

1.製造外銷產品，同型的機器，其組件規格居然各不相同，且各有所「短」，可見其粗製濫造的程度。

2.出廠沒有品質管制，當然很難說得上品質保證。

四台機器有四種不同的障礙，品質管制等於零。

3.一千元以上的貨品交易，居然連最起碼的防震防潮的包裝都沒有：要客戶自備提袋，還不如在緬街地攤買贓物，實在不成體統！

4.像這樣一個有美國 UL 標記的高級產品，不附使用規格說明，在美國是不作興的。

5.製造廠商之僥倖投機心理：像上述一些「問題」，通常一般客戶一時、甚至永遠察覺不出來的，只要賣出後過一段時間客戶再追究，就可用推、拖、賴甚至關門大吉來對應。反正錢到手一切就 OK。有時還可在耐性方面與顧客較勁，因為有許多客戶在不勝其煩的情形下，就會像我一樣自認倒楣算了。

在美國，當經濟蕭條的今天，大街上隨時隨地都能看到這類來自台灣的貨色；儘管上了當的人們咬牙切齒咒罵譏諷，販賣店裡的生意照樣大發利市，難怪太平洋彼岸的台灣廠商就要把錢賺得滿腳目了。可是那些眼光短視且貪近利的廠商們可知道，你們這樣做，正在挖政府，也就是社會大眾的牆腳，你們小我固然可以因此發點小財，可是若日積月累地將「台灣貨」這三個字搞臭了，政府的外匯存底總有一天會見底的，到時就會像林洋港先生所說，「個人小富，社會大貧」了。但願袞袞諸公能注意及此，則社會大眾幸甚！

【美東時報】

1993-02-28

第八篇　以博莞爾

抗日記

鐵　夫

一、血濃於水

　　首次攜妻，返滬濱省親，經外白渡橋，憶起一椿往事。

　　當年，從蘇州河之北乘電車往外灘方向，經橋頂日兵崗亭，鬼子必上車檢查，我正對車門坐，首當其衝地被發現未隨身攜帶良民證；被喝令立即站起，要我等他查過全車，再押我下去發落。其時，至少要挨一頓毒打的恐懼，已將十四五歲、且矮小的我，嚇得魂不附體。

　　但聽到叮噹一響，車已滾動，定睛一看，確認自己仍在車上。只見不知由何時起開始圍住我站的七八個和平軍（汪政府的「漢」奸偽兵），正要陸續回他們的原來座位。再往車外看，那日本兵正對看已經剛「過了界」的電車，張牙舞爪，依哩哇啦。原來，在他下車時，大概因我被那七八個「漢」兵「人幔」遮掩，而誤認我已先下了車。

那位見日兵一腳下，就「及時」拉鈴「發車」、也穿著偽軍服裝的售票員，指指那幾位「掩護」我的「漢」兵，對我咧嘴一笑的情景，至今記憶猶新。

這是「漢」（奸）兵保護「漢人」、血濃於水的親身經歷。

二、轉嫁

至友邵兄，在台北經商，身材略顯矮胖，戴上玳瑁黑框眼鏡，連他自己也揶揄，酷似日本人，但他對日本人之憎恨，卻係發自心底。

很多年前他來 N.Y.考察，所乘為日航班機，一出機場就被一哈腰彎背之司機引上車；一路上，從司機偶而的生硬「哈依」聲中，顯然他已被誤認為日本人，他雖噁心，但並未露出聲色。

車抵希爾頓，下車時發現自己未備零錢付小費，正不知如何才不致丟中國人臉之際，突然拿起行李，一個立正，向那「期待中的洋司機，鞠了一個九十度的躬，嘴裡還連聲「阿里阿篤狗殺伊媽死」（日語謝謝之意），說完，轉過身，學著日本人步伐，一搖一幌地向飯店走去。但聽得背後碰的一聲車門響，跟上一句「該死的混蛋日本人」。計程車開走了。

【美東時報】
1990-10-28

生活隨筆
—— 大餐裡的開胃小菜

鐵　夫

　　平常在閱讀文藝性報刊雜誌時，總喜歡先翻一下夾雜在大塊文章之間的一些「小品」，例如：開懷篇、陳語新解、益智集、拍案叫絕、忍俊對話、寓言、粲然集、浮世繪、新世說乃至童言等。

　　才短短數語，即使重複再三，仍覺得新鮮有趣，百看不厭。猶如年少時期，在鄉間吃菜飯，大人在裡面給加上一匙經熬過的白豬油，吃起來特別噴香味美；更像成人上館子，在大盤菜餚上桌之前的幾碟開胃小菜，一樣清香可口且開胃；它非但能有飯前下酒或解饞之妙，在山珍海味各式佳餚之間，那幾樣尚未撤走的泡菜、滷味也總是會不知不覺見了碟底。在主菜間斷當口，饞客如我者，尚不由自主地向圓桌周圍不時掃瞄，看看是否還有花生米或小魚乾散落在轉盤上而未經發現者。

　　來美多年，無論因工作需要，或消遣欣賞，總難免接觸到英文報刊雜誌，單就兄弟會的會內月刊，總會按

時收到。在這些刊物中，這類「小品」尤其常見。通常，這些「開懷笑料」總隨著刊物之丟棄而消失。幾度因其忍俊可愛，不忍心讓它隨風飄去，而想將它們抄錄下來，但又覺得缺乏「目標」而無聊。記不起是在何時，突然給我想起一個多目標的兩全之計—將它們譯成中文，這樣，一方面固然可以將它們保存起來，一方面也可讓我藉此徹底瞭解到那些洋笑話真正「可笑」之處，非但可以自娛，也可博得家人和少與洋文打交道的親朋好友一同莞爾一笑。再說，如果那天蒙中文報刊雜誌垂愛，還可有一筆進賬也說不定。

　　在這個獨樂樂不如眾樂樂的「標竿」下，不知不覺已經過了好幾個寒暑，一本小拍紙簿也已寫得密密麻麻，達八千字之譜，共計收得「小品」八十餘則。

　　我將這本小冊子定名為「博粲集」，其目的就是希望引得大家一笑。同時我自撰對聯一幅和其橫批四字，印在封面上，以說明一切，且也作為本文之結束。

　　對聯：醒世益智胡來語
　　　　　寓意忍俊漢譯文

　　橫批：以博一粲

　　我將這八十餘則「小品」，歸成醒世、益智、寓意及忍俊等四大類，茲依次各舉一例如下：

　　◆友誼好比金錢 —— 掙得容易守住難。

　　◆當你開始理解到你自己的意見，只不過是一個「意見」而已的時候，那你就正沿著通往智慧的道路前進。

◆某人去拜訪一位職業系譜編輯專家，並請問他如果要一份追溯源頭的家譜要多少錢？「這要看你想追溯得多遠了，同時要看調查的困難程度如何？可能要花幾百元，甚至數千元也說不定。」「這似乎太貴了些！」某人說，「有沒有便宜一點的方法？」「哦，當然有，」系譜專家說「最簡單的是，當你為競選擔任公職時所用的，且經調查過的家譜。」

◆一位法官對女兒談論她那新男友，「我以前已告訴過你，我想這傢伙既無能又懶散，不配與你交往。」「我以前已聽過了，」女兒說，「我也將你所說的告訴了他，」「那他說什麼？」法官問，「他說，在你所做過的裁判中，這並不是第一次的錯判。」女兒說。

【世界日報】
1996-10-02
【文薈】
2005-4 月號

第九篇　遊蹤萬里

祖國行腳‧如是我見集（上）

— 移民探親出師不利

景　亮

破題 — 出師不利

去年九十月間之返里探親，是我四十年來夢寐以求的第一遭。在祖國的行程雖然只有用短短三個多星期，但從籌劃開始，到遊倦回來為止，在其間發生了許多故事，應該記下來向關心我的親朋作個報告。可惜我不是作家，不能如同行雲流水地將它寫成一本膾炙人口的遊記，也無法妙筆生花地將故事寫得美麗生動，或者曲折感人，我只是在工作之餘，憑記憶將一些有關的事事物物，點點滴滴地記載下來。

經過七八個月的塗鴉，故事雖然仍停留在尚未走完的旅途中，初步計算一下，已經寫了四五萬字之譜。‧既然耕耘得如此辛苦，就想由此有些收穫 — 滿足個人的發表慾念。為了要「發表」，就得學文人雅士，給它定個名稱。這個「祖國行腳‧如是我見集」就是有此需

要而來的。不過，為避免發生誤解，我必須對這個不倫不類的「集」作個註解，我這個「集」指的並不是一般名作家，或文學家的文集，或選集，而是將我許多有關記錄的片段，給它「集」合起來，放在一起的意思。

至於「我」「見」二字也與一般只指「我的意見」有些不同。其中的「我」是表示所有故事都有「我」自己在內，即使講的是別人的故事，若不是我親眼所見的，至少也是我親耳所聽到的。對我來說，以「我」為本的故事，寫起來比較真切具體，至少可以不要以「自我」之心去度「他人」之腹。此處「我見」的含意裡除了我的意見外，有「我」所看「見」的人、事、物，在有些故事裡還摻雜著「我」的成「見」，甚至偏「見」，當然也有「我」的愚「見」，「管見」與遠「見」，可惜還有許多「我」有看沒有「見」的人、事、物，沒有一併收在這個「集」裡，誠為遺憾。

約在十五年前，我之開始想到辦理移民，主要目的之一是要「迂迴」地去探望在故鄉尚存的親人；因為以當年的形勢看，兩岸之隔閡，恐怕在有生之年無法再見親人一面，所以設法變成「假洋鬼子」，不失為其中之一途。歷經千辛萬苦，終於在六年前舉家遷徙來美，且擇紐約而定居下來。當時雖持有綠卡，但仍不敢貿然進入中國大陸，因為要出國（美）旅行仍必須借重中華民國護照。由於世界上大部份國家都已與中華民國斷交，要獲得各國入境簽證，尚遠不如現在那麼容易，若持中

華民國護照前往大陸更是心存疑懼。縱然稍後不斷聽聞
大陸對持台灣護照者正在大開方便之門 ── 非但不予刁
難，對台胞尚有許些優待（按：現在雙方都已全然開放
前往大陸探親之門）很顯然這乃是「統戰」政策下之措
施。既屬「戰」事，以過去痛苦經驗告訴我，千萬不能
再度捲入「戰爭」而受難，所以這份「優待」始終未敢
消受，一直在等待「變籍」後，再以「洋人」身份，且
在山姆叔叔保護之下才敢到「出生」的地方去「探」望
生身之母，這是何等的諷刺、悲哀！

　　經過五年半等待，雖然頭髮還是黑的，皮膚依舊是
黃的，但搖一變，倒也成了美國人。既已有恃（美國護
照）無恐，於是立即就進行實施籌備近年的探母計劃。
擬定旅行計劃因為我曾是個工程人員，我的計劃很像個
工程施工進程圖；各工作項目之進行與時間上的配合，
稱得上絲絲入扣。臨行前的一週內，對各親人的見面禮
── 紅包，各站聯繫親友之地址電話，每階段之交通舟
車安排，各人衣著，隨身攜帶物件，各機關官署，航空
公司及銀行等連絡電話，都在計劃書中載明得一清二
楚。各人衣著，舟車配置，都經一一摹擬預演，以避兔
臨時出錯。由於有 PERT 式的圖表可追蹤考核，一切都
能按照預定計劃很 PERFECT 地進行著；臨行前還將得
意傑作 ──「計劃書」複製了兩份，一份交予大兒子和
兒媳帶回紐澤西，一份留給女兒及小兒子，放在紐約家
裡，並貼在牆上，以便兒女們隨時了解我們的行程，必

要時也可作聯繫。因為我們首次作如此長久的遠行，難免會有些家事交代未清，而必須臨時聯絡者。由於我擔任過將近三十年的技術主管，對於施工管理素有歷練，我也曾常以這種方法應用於一般婚喪喜慶之行事計劃上，多年試行以來，莫不用來得心應手。對於這次計劃的順利推展，連老伴也都連連稱許，頗為自鳴得意。

百密一疏、馬前失蹄 ── 遭竊

在週密的計劃下進行著各項事宜，雖然曾有數次變更，終於經過一星期之行裝收拾，湊上了一個黃道吉日──九月十三日整裝成行。由於大小行李，加上手提箱等，二個人一共有十件之多。只好由兩個兒子各開一部車，才容納得下這麼多的行李，和一家八口大人。班機起飛是晚間十一時五十分，為安全起見，在九時許，就在作過家庭禱告後出發，十時前就抵達了甘迺迫地機場。下得車來，兩個兒子開車去 Park，大小行李除老伴手上一個手提包外，悉數堆在中華航空公司門前，暫由我看管，該時女兒眼尖，一眼看到華航櫃臺有熟人，連忙拿了我倆護照及機票前去辦理手續，以便劃個好位子。老伴與兒媳婦則揀輕便之行李慢慢移往櫃臺，同時就有一位西裔樣的男性服務員，手持儀器在我們忙亂中前來檢查盤問，並貼安全標籤。適時剛巧身上揹的照相機袋揹帶斷脫，待我在原地經過數秒鐘整理完畢，定睛一看，我的一個棕色 007 手提箱已經不翼而飛！

　　天哪！那裡面除了數以千計並封妥紅包，作為親人見面裡的現金，一些有價證券，別人托帶之銀行本票，旅行支票，高級電器用品之提貨單，中華民國的護照等重要文件外，使我感到天昏地轉的是，進入大陸的簽證，與中國民航香港到上海的來回機票也不見了。因為這兩樣東西是我「處心積慮」了多時的心血，錢丟了可以少用點，但好不容易累積，而郵局特別通融請准的假期，可能就因此糟蹋掉，甚至毀了我探親的前程。我該如何告訴我那正在遙遠的地方引頸翹望的老娘親呢？……完了，在我說來，比晴天霹靂還恐怖，比宣佈死刑還絕望。

　　我是個曾經患過心臟病，現在還不斷服用降血壓藥的人，當時的臉色怎麼樣，我沒有照鏡子，然而家人看我沒有當場倒下去，想必感到是件慶幸的事。家人之分頭四處捉賊，報警緝拿歹徒，都只是心理上求個安慰而已，擒賊行動只好在警伯一句「祝你旅途愉快」聲中結束。

　　接著，還得振作精神來決定「前途」。待稍作鎮靜後，發現我這小卒子尚具有過河的能力。在我的原計劃中，台灣是我旅途的第一站，原來就已打算在那裡接洽公事，三五天後到香港，再過三兩天轉乘中國民航班機飛往上海。雖然我到大陸的簽證（簽在另紙上）與機票隨手提箱而去，但到台灣轉香港的華航機票卻已有了登機證，所持的美國護照亦仍在女兒手上，補辦大陸簽證及其他報失手續，可以在台灣與香港停留期間，由兒女們在此地進行，機票和贈品提貨單等都可在香港再買，

甚至大陸入境簽證如果此地不易辦出，也可到香港再說。至於金錢，在手提箱中的只是我全數的一部份，在我腰帶上，西裝夾袋中，都還藏有足夠的旅費，老伴身上也存有些現款與旅行支票……真正收到了狡兔三窟之利……。在決不能使老娘親失望之前題下，同時得到眾兒女和兒媳的安慰與支持，毅然決定按「原計劃」再出發。

【茶餘飯後】
1989-03-21

祖國行腳・如是我見集（中）

—— 上機回原夢・刮目看華航

景　亮

　　「按照『原計劃』出發」的決定雖然已經定了，但作為行動憑藉的「原計劃」書卻也已隨箱而去；所要到的地方之地址、電話，甚至活動程序等，都因為原來仗著備有「計劃書」而沒在腦海中存檔，至此又頓時陷入迷惘無助之境地。正在進退失據之際，突然想起我曾有兩個計劃書的副本，留在自己家裡給女兒和小兒子看的那份，貼在飯廳的牆上，如果時間許可，可以取來隨身帶用。一看手錶，似乎尚有足夠時間回家一趟，於是將行李交運後，一家六口分乘兩輛車，急駛法拉盛。回到家裡，除了取下計劃書，女兒尚趁此數分鐘，為我旅行支票掛了失。如此，再在兒女們的祝福下（尤其兒女們再三懇求母親不要對我作太多責難，他們怕我在此重擊下再無法承受更多的壓力）重新出發。按時辦完出境手續，登上華航飛機，直奔台北矣！十三，真是個不祥之

數嗎？那已是深夜，再過二個鐘點，就要脫離十三而跨入九月十四日了，但惡運偏偏要降在這個「好時辰」裡面，我不信邪也不迷信，但給我找了一個推卸失誤的藉口與說詞。十三！

上得飛機，坐定一看，雖然不是我原來所想那個可以隨時出入且可以伸腳的位子，但兩個人卻坐了三個位子；原來在登機時，女兒所說那位劃位小姐幫了些忙，指的就是這個；在我和老伴中間一個位置被她「擋」掉了，所以坐起來尚稱舒服；等飛機發動，確定再不會有人來侵入後，老妻對我會心的一笑，開始了長達十八個多小時的飛行（包括在阿拉斯加加油）。

那隻七四七大鵬鳥，在隆隆聲中振翅帶著數以百計的旅客直沖雲霄。因為時值深夜，窗外除只見滿天星斗外，則是一片漆黑。由於無景可賞，人們就都開始坐以待眠，我倆也隨著調整位置，為減少疲勞作準備。因為剛在那齣「失竊記」中自己當了主角，甫自坐定，那幅景象立即又在眼前出現。想到那副狼狽的窩囊相，更想到前途上的重重難題，如果能在此時倒頭就睡，不是身患了重病，就是過於麻木不仁了。此時，老妻大概看到了我憂戚失魂，且無意就寢的神情，輕輕地伸手過來握住我的手，雖然未曾說上幾句話，我卻覺得特別的溫暖，尤其她一反過去遇事嘮叨，怪罪於人的態度，更使我感動不已，她非但應允了孩子們的請求，更出自內心地給了我無限的安慰與勇氣。

　　大陸探親之行本身就像在作一場夢，那幕馬失前蹄更像是「夢中夢」。坐定後，從「夢中夢」劇中夢回到我那「原夢園」，想到那場「夢中夢」，應該感謝上蒼的美意，祂用我這不足以傷害前途的損失，要向我警示，前途遙遠，應該格外小心。最令我感念的是祂洞悉我的心事，藉此為我釋開了憂慮，讓我與老伴毫無牽掛她踏上征途，我隱藏已久的心事是，兒女們當我們不在身邊的時候是否能和睦相愛？遇事是否團結一致接受挑戰？對父母的關注倒底有多少？……這些都是平時想知道，而無以測試的問題。我們的二子一女和大媳婦，個別的能力都很強，大家都是基督徒，個別的品德行為也都稱得上高尚優秀，唯獨當一家人相處在一起時，總覺得像是一堆精選的器材放在一起時，由於彼此都有稜有角，而難以形成一件穩固而無間隙的完美作品，這次出遠門，我們怕的不是自己有不測風雲，而怕的就是當我們遠離，甚至永離他們時，他們是否能精誠團結，互相愛護？這就是我久久以來無法求得證明的「心事」，更是出發遠遊時，一個心中無以解開的結。感謝主耶穌的憐憫與慈悲，祂就在我們登機前動功解開了這個結，非但為我們減輕了旅途上的負荷，還為我們的將來增添了喜樂，因為這幕失竊記，兒女們包括兒媳婦在內都表現出對父母的無限愛，兄弟姐妹彼此間的互助合作與愛護。他們都要我倆不要為此難過憂愁，蒙受的損失概由他們承擔，在此間要收的殘局和應辦的一切都由他們分頭去

辦，並再三請他們的媽媽寬心，不要因此多所怨尤，以免影響整個旅遊的情緒，要我儘量滿足他們母親在旅途上要求……。他們再三爲我們祈禱祝福，希望我們一路平安愉快……，這是一幅美麗的詩畫，顯示出我所更需要的喜樂與安慰。

塞翁失馬，焉知非福一詞用於此，似乎倒也恰當，不過我更阿Q的是，很高興一開始就丟掉了一個心裡恐懼的包袱，使得一個月的旅程，因爲拋開了它而顯得輕鬆許多，原來在我經再三斟酌，而決定攜帶這個○○七手提箱後，就總覺得它將是我在旅途上一個難以處理的累贅，因爲如果將它放在旅社或住處，實在安全堪慮，如果隨身攜帶，必定影響行動，尤其耽心難免鬆手……想想這位樑上君子，還真有成人之美的胸懷，阿Q！

阿公阿婆不怕土

這些年來，在國內（美國）常有出差旅行的機會，老伴也曾有過歐洲之旅，對於坐飛機再不會有好奇新鮮之感；尤其置身華航班機，與在國內乘觀光列車一樣沒有陌生感。起先以爲我們自己因爲洋化了的關係，但等坐定放眼望去，全機數百乘客，除了少數幾位碧珠黃髮的洋人外絕大多數是我中華同胞；有老的，有小的，有打扮入時的，也有渾身泥土味的；從他們乘飛機的熟練行動來看，多半都已經是識途老馬。隔壁那位顯然來自鄉間的老太太，用湯匙挽起牛排送往嘴裡去咬的悠然自

得神態，似乎在告訴人們說，我劉姥姥進大觀園已不是第一次；老娘不會揮刀舞叉，卻用我自己懂得的本事來享受我兒子花大把銀子換來，在家可能捨不得吃，或不能吃的牛排，不干卿底事。有許多阿公阿婆外表那麼土，但他們心嵌裡都帶著絲絲得意的驕傲，因為在這世界最先進的國家裡，還有喊他們爸爸媽媽的博士碩士；有的手上還抱著美國孫子，預備去再一次證明他們成功的教養，他們到美國來，洋話固然不會，就連國語都「五隻羊」，但他們知道他們的兒子女兒講得好，他們的孫子講得更呱呱叫。進白宮、逛購物中心有兒孫陪，不怕變成了聾子啞吧；在旅途上又有本國的飛機坐，還怕什麼？不知從何時開始中華航空公司為使這些洋狀元的高堂尊親旅途愉快，機上的服務員不論是男是女，個個說得一口流利的閩南話，甚至在接近台北上空時，廣播裡也夾有阿公阿婆聽得懂的閩南語。這倒是我的首次發現；華航懂得生意經，前途無量，佩服！

時代在進步，土包子裡攙洋水了，洋生意也賣土產了！這足以說明今天的台灣生活水準之高，與國民之普遍富有，這是多年前不敢去想的景象。

華航多年不見令人刮目相看

多年以來，我跟一般國人一樣，對華航的服務向無好感，起初是因為公務出國，照規定不得乘坐他家飛機，而對華航發生反感所致，後來也的確對其服務不夠水

準，而有微詞。這次居然在任君選擇下，反到以較高的票價，又買了華航票。這是並不是因為我兒媳婦和女兒先後支領過華航薪津而帶三分情感的關係，而是它的日程與路線可為我省一些時間與金錢。所以我之選擇華航，只是挑了一種適合於我的交通工具，並不希望有多好的服務，甚至對他們飛行技術，也沒有抱十分平穩舒適的奢望。沒有想到，連在阿拉斯加加油在內，從起飛到降落台北的整整十八小時，他們雖然換了組員，我們一路上都覺得非常平穩舒適，機上的空服員也比以前熱誠可愛，機上不斷供應的食物飲料，比之其他航空公司也不遜色，尤其對國人的服務，也使人有了賓至如歸的感受，兩度的起飛降落，絲毫未給阿公阿婆帶來恐懼感。

【茶餘飯後】
1989-03-23

祖國行腳・如是我見集 （下）

龍歸大海鳥入林
忙亂奔波在台北　　　　　　　　　　　　　　　景亮

　　我們是按時從紐約起飛的，那是十三日晚間十一時五十分，雖然僅僅飛了十八小時，在台北降落時，已是十五日清晨六時許。這時，使我一開始就吃虧了一天，還逼得我抵達時非在破曉時分不可。由於我們只想在台北逗留三數日，除一些隨身行李外，其他行李擬悉數存關寄放，好在繼續前途時再取出托運，所以出關檢驗非常便捷。但當將行李寄存時，卻因時間過早，居然一時無人接應，等了老半天，才有一位睡眼惺忪的退伍老鄉模樣的老先生姍姍而來，當時我環顧週遭，這位老先生似乎是專爲我倆的來到才被逼起床的，我打從心裡倒帶有三分歉意，因爲他的服務態度尚說得上稱職，表情上也未有怨尤。當我們即將辦完寄存手續時，天色已經更爲明亮，有位女士來到這個寄存處，拉開嗓門與別人高談闊論，看她漫不經心的樣子，倒底是裡面辦事的，還是由別的單位來串門子的，因爲事不關己，未曾特別注

意。不久她又和一位旅客模樣的小姐在滿不在乎的交談，似乎她又是應該接受旅客寄存行李的辦事員。替我們辦妥手續的那位老先生，恐怕原來只是替她搬動行李的幫手。（我所以之要將此情景先寫下來作伏筆，因為由於那位仁姐的疏忽不負責，後來當我離開台北，臨登機時，被機場廣播指名叫喊，害我捏了一把冷汗）。當時因為寄運行李的人寥寥無幾，不需排隊等候，過不久我們就進入祖國大門了。

又是狼狽糗事一樁

在動身之前一週，曾有內人老同事來美探親，照前數年例路經舍下打尖，彼此得悉將於同一天抵達台北，不過她是從美西起飛，同時會比我們晚一小時到達。當時我以為自己會有人來機場相接，故曾相約我們會在機場等一小時，預備給她搭車到台北，所以我們下機第一件事，就是必須找到她，以免爽約。在辦妥行李寄關手續時由美西飛來之華航班機倒也準時抵達，我們在不費吹灰之力的情況下見到了她，殊途同歸，異地重逢，煞事開心；由於她行李簡單，她之出關沒有比我們晚上幾分鐘。我們先一步出關，主要的是想找到前來接我的人員（在成行之前曾數度有諸親友表示前來相接，因為我一廂情願地希望禮聘我擔任顧問的公司會派車前來奉承一番的，所以其他的都被婉謝了），幾經掃瞄探視在手持名牌的人群中怎麼都找不到上書我大名的牌子，但卻

一眼見到那位同事的少爺在人群中等候其母之返國。等一齊到門外才發現有車來的是她，而不是自作多情的我，實在令人尷尬。

由於她少爺開來的車子過於迷你，不足容納我這兩位「大人」物，他們只好在拜拜聲中先我們而去，我們無奈拎著大包小包乘坐一定容納得下我們的中興號前往台北（因為當時尚在清晨無車可僱）預備到松山再轉乘計程車到要到之處。

其間的狼狼窩囊相不說也罷，更慘的是，原來邀我們暫住的那位在紐約剛相聚過的同學家，以為我們再過兩天才到，差一點吃上了閉門羹。所幸他兒媳在家，時原打算供我們暫住的整個 APARTMENT 已經空出，就在他們尚無準備的情形下，強行遷入，總算沒有流落台北街頭，再一次出盡洋相。

垂頭喪氣地到了台北，出機場之情況是如此的悽涼，幾經電話與那位答應請我去打尖的朋友又無法聯絡得上。雖然幸虧路熟有中興號汽車，心裡總是有落寂之感。到台北松山機場再試以電話與那位同學聯繫，打到他公司，說他尚未上班，打到他家，說他已上班去，對於我之到達，他那接電話的兒媳婦，卻未見交待，怎麼辦？只好說明原委，希望能讓我們到那以前從未到過的他寓所門口，再與其公婆聯繫。（因為我們以前和那位少奶奶從未謀面，如果希望先行搬進，在今天台北壞人多多之情況下，未免強人之難）。承這位少奶奶甚為仁

慈友善，在電話中說，曾聽到其公婆提起，將有我們之
來到，答應我們立即就去，上得計程車來，想到當年在
台北的風光時刻，而現在似乎淪為乞憐投靠境地，即使
到了那裡，人家又會對我作如何之想呢？⋯⋯越想越難
過，差一點落下幾滴辛酸淚。

　　抱著乞憐投靠的心情到了水源路一棟陌生的大廈門
口，按照門牌撳下電鈴，立即從十二樓傳下聲音，只聽
得嘈雜聲音說：「來了，剛到，正在樓下⋯⋯」同時又
聽得很清晰的說「請乘電梯上來⋯⋯」，等和服務台打
過招呼正要上樓時，那位晚輩少奶奶卻已挺著著一個大
肚子出現在我們面前；還沒有來得及寒暄，就催促我們
立即上樓，說樓上正有朋友的電話等著我們去接。因為
事出突然，覺得十分驚喜，上得電梯後心裡的委屈感似
乎少了許多，因為接踵而來的電話，似乎向這位從未謀
面的晚輩顯示，這個伯伯還不是一個六親不靠的騙徒，
當然我想她也已從公婆得到證實，因為進門不久，我的
那位朋友夫婦也來電話歡迎我們了。

　　那個先我一步來到的電話，給我增加了自信與自尊
心；電話內容又是為我作了三晚的宴會安排，其中一天
是在空軍新生社，一天是在圓山飯店，請帖已在我到達
的一清早就放在那位打電話的朋友桌上⋯云云。這個電
話還沒有結束，另一個電話又來約會。行李尚未打開，
我那位遠房表兄也及時趕到⋯；如此這般，使我幾乎毫
無喘息機會，非但那位晚輩少婦會暗自哇塞一聲，連我

自己心裡也暗暗掀起一絲驕傲之意 ── 在台灣半輩子倒底不是白混的。以後三天之在台北活動，用龍歸大海，鳥入林來形容似不為過。自鳴得意！

我們要在台北停留的原因，除因受聘為某公司顧問，而必須到某機關亮相，辦理戶籍校正（受聘需要）為主題外，順便要到新近去世的岳母墓前去弔祭。原預計無論事情成與不成，都應該很快會有定論。在台北逗留四天多，應該可以有閒重溫舊夢一番的。現在手提箱被竊，一切行動中都摻入了這倒霉的因素，原定的事情要辦，許多親友想相聚，在美國方面要補辦大陸簽證，要為遺失而掛失，在香港還要補買大件電器用品、補購機票，辦理戶口校正事，又更是非常複雜。這幾天怎麼過的，自己也說不上來，只知從早到晚從未有一分鐘定下來過，不是在計程車上，就是在裡外奔跑接電話；好在台北計程車多如過江之鯽，隨叫隨到。更幸虧我那位同學除將整層公寓借給了我，還有兩個電話裝上總機供我任意使用，當我們不外出時，只聽到電話鈴聲此起彼落，忙得我夫婦倆裡外狂奔，不亦樂乎。美國的國際電話講了多久，無心去計較，一通電話講上十幾二十分鐘，不足為奇，辦事要緊。好在從美國打來，不會叫人家付錢，否則就於心不安了。市內電話假使進出都計次的話，豈止超過他家的基本次數。更叫我稱便的是那位老同學自己就住在同層樓的隔鄰，她兒媳婦即將臨盆，整天在家，很少外出，正好在我們外出的時間為我們接聽電話，

或應門招呼來訪客人，給我們極大的方便。有了這樣罕有的「招待」，前面所受的一點委屈，也就不足掛齒了。

功敗垂成，又碰烏龍

有關到電信局「亮相」的公事，雖然有些刁難，總算在第二天順利完成。至於辦理戶校正事，在行前曾請各方探聽，咸回稱說，只要本人到場，就很容易辦妥。由於這個回答不甚合乎邏輯，我總是抱著存疑態度。當本人正式前去各有關單位辦理時，果然不出所料，經過成天奔波，終於功敗垂成。所幸第一天就在表兄陪同下積極進行，當天就有了「不可能」的結果，而死了這條心不再為此傷神。

在第一天還有一件出師不利的事，使得被竊後的心情更覺有挫敗感。在紐約 JFK 失竊後，當晚由女兒立即向 BARCLAY SAVINGS BANK 報告旅行支票遺失事，承蒙對方好意，問清我下一站將是台北，就囑我到台灣後，可以馬上到中山北路台灣銀行國際商業部門去領取 REFUND 的旅行支票，以便前途使用，所以第一天到達後，就在辦理戶口校正途中前去 BARCLAY 所指示的地點去辦理，奈知到該處一問，原來 BARCLAY 擺了一個烏龍，並承告知 BARCLAY 之國際信譽並不佳，通常一般銀行都不願與其往來，除非收到其電報，並且有錢進了帳戶，否則都不願為該行代辦是項服務，因為此行常有事後不認帳的不良記錄……怎麼會如此倒霉，這種烏

龍又給我碰上了！千把元的數字並不大，如果能當天解
決了此一問題，以後就不必再傷神了。

【茶餘飯後】
1988-03-25

大陸行「行」不得也，哥哥！

鐵　夫

　　此地無銀三百兩
　　自招罪狀八大條

　　到大陸旅遊，除非有旅遊社為你打點一切，否則你會乘興而去，敗興而回。之所以要依賴旅行社，一方面固然是因為他們和各單位「掛上了鉤」，辦事比較有門路，主要的還是陪同人員一路上可以將烏漆抹黑的瘴氣一股腦兒吸收去。你要是想單打獨鬥，即使只是到生於斯長於斯數十年，而自以為熟門熟路的「家」鄉掃祭一下祖墳，也會弄得你「行」不得也哥哥！有許多人回到闊別四十餘載的故里探親掃墓回來後，無不感到精疲力竭，精神沮喪，不再作歸去想。

　　去年一位年近七十的舊識，從浙江一回新澤西，就鬱悶不樂，精神委靡，不數月，居然無疾而終，真正走上了不歸路。另一位，去年從台灣「偷渡」（因係公務員，以觀光名義，乘船由澳門轉輾而去）。到家鄉宜賓

掃祭祖墳，一路上背負著重七十公斤的三件行李，都在等待、焦慮、奔波中渡過。原計四天的路程，整整花了八天，才見到與其記憶大有「出入」的家鄉。雖然回台時因享受到其侄在機場工作的特權，只花了六個小時就回到台北，但去時那刻骨銘心的折磨，使他在這半年多來晨昏顛倒、神志晃忽、失魂落魄，好像大病一場。至今在信中仍餘悸猶存，且聲言不敢再作第二度嘗試。

我在三年內，到過大陸兩次。第一次雖有家人陪伴，但他們只是一群「沒有辦法」的驚弓之鳥，所以我們自己還得每天為「行」、「住」而傷神。因「交通」關係，就連渡過童年，而只在一江之隔的家鄉都未去成，害得九十高齡的老姑媽得知後痛哭一場。不過其間因認識一位列車長，從上海到北京，倒也享受過一次豪華特權。

第二次是去年秋天，參加了此間愛滿公司的絲綢之路旅遊團。打從紐約出發到離終站北京為止，一路上舉凡「食」、「住」、「行」，除了一兩次他們無法控制的航班問題外，堪稱旅途順利愉快，真正享受到暢遊祖國大地的樂趣。不過以我冷眼旁觀，我們的愉快」，完全建立在該公司與北京旅遊學院所派出之「全陪」「地陪」人員之忍氣吞聲，任勞任怨的熱忱服務上（全程上必需靠他們解決的問題太多）。

綜觀大陸「行」之困難與「煩惱」多半出於「交通」。只要「通行」無阻，其他就不難「到」處尋求解決，至少可將問題減至最低程度。可是無論是舟、車、飛機，

比較能適合我們乘坐者，無不是一票難求。飛機之誤點、脫班，甚至不告而取消航班，乃是家常便飯，奈何不得。

　　對我們不遠萬里而去，在在都要爭時間、爭速度的返鄉客而言，「交通」之「不便」，簡直等於農業社會之寸步難移。在大陸上，造成行的問題原因很多，但從未見到有人將之具體歸納起來。一天，在虹橋等候飛西安之脫班機，於不告原因的六小時苦等中，無意間看到一張用鏡框裱好的「上海市交通郵電系統（十大窗口）基本紀律」告示牌，使我頓悟出大陸「行」病之癥結所在。本來要將它照相下來，但是在六四之後，怕被認為美帝特務，抽底片再扣人划不來，所以就一字不偏地偷偷抄錄下來：

　　「上海市交通郵電系統「十大窗口」基本紀律」：
　　ㄅ不以貌取人，有問必答，有難必助。
　　ㄆ不訓斥戲謔旅客、用戶、貨主。
　　ㄇ不在服務時間吸煙、吃零食。
　　ㄈ不在工作時間聊天說私話。
　　ㄉ不利用職務之便，謀取私利。
　　ㄊ不接受旅客、用戶餽贈。
　　ㄋ不亂收費，擅自提價。
　　ㄌ不徇私情，為親朋開方便之門。
　　只要將以上每條前面的「不」拿掉，就不難發現造成「行」難的真正原因。其中每一條「罪行」我都領略過，甚而可以舉一反三將之擴充應用到全國所有服務性

單位上去。

　　像這種「基本紀律」高掛在「十大窗口」，豈不正是「此地無銀三百兩」「自招罪狀八大條」之昭示？

　　　　　　　　　　　　　【美東時報】
　　　　　　　　　　　　　1990-04-01

戈壁大沙漠上的人皮鼓

鐵　夫

貪官父子的下場

我們從嘉峪關到敦煌，車子在跨越一望無際的戈壁大沙漠的甘新公路上奔馳，同行者因為內急，好不容易看到一塊孤零零直立在浩瀚沙海中的石碑，大夥兒就以此作屏障痛痛快快方便了一番。同時對這塊上面刻有「橋灣城」的石碑發生了興趣，而對導遊提出了問題，於是導遊說了以下的故事：

號稱"世界風庫"的西安縣城東一百六十里許，在馬鬃山以南，疏勒河之北，靠近甘新公路有個叫橋灣的地方，有一座長方形古城的遺址。城周長八百八十米。傳說這原是清代築的一座皇帝行宮。城裡的建築早已成了斷垣殘壁，瓦礫遍地，再加上流沙的侵蝕，使這座城堡更顯得古而荒涼。

這是河西走廊西端一個普通的地方，但人們不會把它遺忘。這是因為從前在橋灣的一座廟裡放有兩面人皮

鼓。大的有湯碗那麼大，小的僅有飯碗般大小。顏色黃褐而略呈污髒。如輕輕敲擊，就聽到卜卜，鼓聲沉沉。鼓聲訴說什麼？訴說著「康熙夜夢橋灣」的傳說……。

相傳在清代，一天晚上康熙皇帝作了一個夢，朦朧中覺得自己巡游到華夏大地的西北角，在茫茫沙海中，跋涉到一個景色明媚的綠洲上，在高聳入云的銀山下，那一彎綠水由東向西流淌，真是山有龍鳳之姿，水有瑤池之象。河谷里矗立四棵白楊，其中一棵白楊樹梢上還掛著一頂鑲金裹玉的皇冠。康熙在馬上一伸手，就把皇冠摘了來。

翌日清晨，康熙在睡夢的微笑中醒來時，覺得那塊地方一定是龍游聖地，當時滿心歡喜，興緻勃勃。他召見大臣，讓畫師把他夢中的情景繪成彩圖，派官員到西北查訪。訪查了整整一年時間，有一天在安西縣橋灣這個地方發現了夢中的景色：這裡水靜沙平四棵白楊挺立在綠水邊，有一頂金黃色的草帽掛在樹梢上，在陽光下閃閃發光。這頂草帽不知是那個牧羊人無意中掛在這裡的，卻象徵了皇冠。官員見到此情此景，連日催馬稟報。康熙聽說後，龍顏大悅，批了幾十兩銀子，責令一個臣子到那里督修一座遊幸城池。

這個臣子名叫穆阿其，是個貪財的傢伙。他到橋灣城後，第一件事就是起用他的大兒子。父子鬼鬼祟祟地密議：橋灣這個地方離皇城路途遙遠，少說也有幾千里，再加上這裡地處戈壁邊沿，是個荒涼的地方，就是修了

多富麗的皇宮，皇爺也不會巡游到這裡來歇息。于是，
貪官父子把大量銀子裝入私囊，只用小部分銀子，造了
座又小又矮的土城，把方圓十里三的行宮，修了個不到
二里三，就回京復命了。

　　那料到，一年後有位欽差大臣奉命赴敦煌辦事，路
過橋灣，順道遊覽了這座新建的城池。他回京後，如實
上奏皇帝，這就揭開了這樁貪污巨案。康熙皇帝聽說後，
大為震怒，立即降旨處死穆阿其父子，還要從父子的脊
背上，各剝下一塊皮來，繃成兩面人皮鼓，一大一小，
掛在橋灣城的城樓上，用來儆戒那些貪財的官吏。據當
地老鄉說，在括狂風的時日，這兩面人皮鼓往往會不敲
自鳴，響聲卜卜，應和著曠野裡的風沙聲，訴說著貪污
的下場。

　　　　　　　　　　　世界日報
　　　　　　　　　　　（上下古今）
　　　　　　　　　　　2008-5-13

額敏，蘇來滿父子向清朝
皇帝示忠所建

鐵　夫

吐魯番的蘇公塔

　　「塔」，我們一般知道，是佛教的一種形高而頂尖的建築物，俗稱「寶塔」。按，塔為瘞佛骨之所，亦作塔婆、浮圖、浮屠、佛圖等，都是梵語萃堵坡或率都婆之訛略；義譯為墳、塚、靈廟等。塔之層級，多寡不等，佛塔十三層，辟支佛塔十一層，阿羅漢塔四層。

　　當我們作「絲綢之路」旅遊時，到達新疆的第一站，就是嚮往已久的「吐魯番」。在吐魯番遊覽的最後一個景點，是很奇特且令人讚嘆的「蘇公塔」。

　　從城東二公里處往南一條小路過去，不遠便可看見蘇公塔，是高 44 米的圓形巨塔，其塔尖齊海平面，旁邊建造了一座可容千餘人作禮拜的清真寺。

　　塔，源出印度佛教圓頂的石質寶塔「萃堵坡」，傳

到中國雖然已和樓接合起來，但無論何種形式都不免有國外佛教藝術影響的痕跡。唯有這蘇公塔獨樹一幟，是維吾爾族建築大師創造的具有伊斯蘭教建築風格的塔。也可說是唯一擺脫了外來塔之影響的純中國塔。

蘇公塔全是用一式的灰黃色磚砌成，十分簡樸，但變化出十四種幾何圖案。其整體向上均勻收縮的圓柱體形，又顯得十分悅目，令我們見了這新奇的式樣，難免駐足凝視良久。更妙的是塔的內部結構，是用磚砌出螺旋體中心柱，既代替木結構支撐加固了塔身，又可作梯攀登直上塔頂。因為在吐魯番不能就地取得到許多大木材，所以聰明的建築師就改作這樣設計，真是從實際出發的創造。當年建塔總共才花銀七千兩，只是《紅樓夢》裡為元春蓋省親別院所花的零頭。

蘇公塔，是額敏、蘇來滿父子為表示對清朝皇帝的忠誠和真主安拉的虔敬所建，所以又名額敏塔。

當年額敏隨清軍英勇作戰而平定叛亂，曾經負傷，受到清廷嘉獎，冊封為吐魯番郡王。額敏死後，蘇來滿繼承爵位。故此塔是父子倆籌建，落成於額敏去世之次年，即乾隆四十三年（公元一七七八年）。

世界日報

（上下古今）

2008-7-7

理想的大同世界

鐵　夫

　　日前，見到剛打從倫敦乘郵輪暢遊北歐回來的摯友王兄，問他此行到過些什麼地方時，他戲言：「還不是循了你老兄的足跡……」；使我追憶起三十二年前「遊」學瑞典的往事。

　　其實我那時到過的只是斯堪的那維亞的丹麥和瑞典兩國，而他卻還暢遊了挪威與芬蘭。我在瑞典首都，斯多哥爾摩，待了近半年。

　　當「學成」回國，有人問我對這個以性開放聞名於世的城市印象如何，我的回答是：「假使一個從未到過現代文明世界，連腳踏車都未見過的人，將他眼睛蒙起來，先用直升機將他從原來過著幾近原始生活的地方，接到桃園機場，轉乘巨無霸的飛機，再經一路上蒙了眼睛的轉折與感受，到了斯多哥爾摩把他放下，打開他眼罩讓他看到那裡人們的活動；然後告訴他，這就是在天堂裡的人的生活，他肯定會相信！」。

　　瑞典是個實行社會主義且民主的國家，國王是象徵

的統治者。由於社會的均富，即使來自文明世界的人，也會感受到他們生活在大同世界中。

由於地處寒帶，一年數月降雪，住宅多是尖頂結構的獨立家屋。也有許多為應付擁向城市的民眾需要的公寓。不論住的是獨立家屋或是公寓，由於天寒地凍，人們多半時間在屋內活動的關係，對生活空間之佈置，特別講究；家家溫暖舒適，卻不炫耀豪華。

每一宅院非但植有各種花卉，還至少有一棵會開花的樹，一到開春，家家滿院春色，爭奇鬥艷；加上家屋外表的不同色調，駐足望去，簡直是畫家筆下一幅幅多彩多姿的作品。

他們有和其他先進國家一樣的現代化交通設施，但值得一提的是，皇室與民同享；例如裝有絲絨座墊，舒適而寬暢的地鐵，是供皇室與百姓共乘的。這也就是百姓可共享皇室所有的一個例子。

雖數月積雪，道路總是保持得平坦完整，城市裡的街道更是整潔得可在行人道上開沙龍，供人們飲茶喝咖啡。

我們到達時，全國上下正在如火如荼地宣導「車輛從靠左行駛改為靠右行駛」的措施；在我們返國時，交通改制已經完成，當初所擔心的「血洗公路」慘劇並未上演，從此可見人們守法和宣導教育的成功。

皇室與民同樂，令人印象深刻。歌劇院、芭蕾舞、博物館為皇室所擁用，但完全對百姓開放；國王駕臨，

不見衛隊前護後擁，更不施行戒嚴清場；最多爲皇室備個包廂，以示尊敬；觀眾站起來鼓鼓掌，以表歡迎皇室前來同樂。

四面環水，金璧輝煌的 CITY HALL，不僅供人們遊覽，一年一度的諾貝爾獎頒發典禮，也就在此舉行。這是教育普及、科學發達的標誌，百姓頗以此爲榮。

人民個個勤奮工作，一旦失業，次日起就可領取每日美金七元的救濟金（當時我們出差費，僅九元一角）；當時美金七元，除了足可得一天溫飽外，還可喝罐啤酒看場電影。但事關個人自尊，真正前去領取救濟金者極少，因爲人們均以能工作爲榮。

瑞典人民的優資、勤奮、禮貌，皇室的親民愛民，人民的安居樂業而毫無恐懼，福利制度的完善等等，在在都令人感到，這真是個路不拾遺、夜不閉戶的大同世界。

【世界日報】

2002-07-07

【註記】：禮運大同篇曰：

『大道之行也，天下爲公，選賢與能，講信修睦；故人不獨親其親、不獨子其子；使老有所終，壯有所用，幼有所長，矜寡孤獨廢疾者，皆有所養；男有分，女有歸；貨惡其棄於地也，不必藏於己，力惡其不出於身也，不必爲己；是故謀閉而不興，盜竊亂賊而不作，外戶而不閉，是謂大同。』

羅馬假期去許願

鐵　夫

　　年輕時，在台灣看過一部由奧德利赫本主演，且獲頒多項金像獎，名叫「羅馬假期」的電影；由於男女主角的演技精湛，票房記錄歷久不衰，檔期一再展延，喜看電影而未看此片者無幾。

　　女主角一頭清新脫俗、帶有留海的短髮，成爲當時女士們最時尙，人們喜稱爲「赫本頭」的模仿髮型。大街小巷人們喜歡哼唱的則是這部電影的主題曲，「THREE COINS IN THE FOUNTAIN」。

　　其實，那電影原來的名字就叫「THREE COINS IN THE FOUNDTAIN」，因爲它的故事發生在意大利的羅馬，所以國人就將它翻譯作「羅馬假期」，而許多有趣的情節則發生在羅馬市區裡一個噴泉池（FOUNTAIN）畔。由於女主角閉著眼背對噴泉，投擲了三枚許願的銅幣，人們就顧名思義，給它取了個名正言順，令人嚮往的名字，「許願池」。

　　國人所以之將片名譯作「羅馬假期」，因爲其主題

就在刻意描述羅馬的旖旎風光和那些具致命吸引力的古蹟和廢墟。要不是當時出入境管理得嚴，在台灣舉辦一個觀光羅馬的旅遊團，肯定會大發利市。但由於形勢所趨，大家只能望之興嘆而寄望來日；當時我對遊羅馬的種種遐想、奢望，也只好深藏於心頭。

　　在六七十年代，兩岸對人民的管理和控制，一個是密不通風，一個是插翅難飛；不過個人倒三生有幸，在十來年當中被放了四次風，先後「遊學」過日本、美國和瑞典等國家。

　　在一九六六年歲末，有個到北歐瑞典去研習的機會；因為這差使不肥（指川旅費和津貼），就將一根剩下的瘦骨丟了出來，讓人們去爭食。在下就在強烈的競爭下掙到這棄之可惜的機會。這是我第二次放風，在農曆春節前夕趕到正值冰天雪地的斯德哥爾摩報到上課。與我同行者，是我多年來的頂頭上司，他卻是不考而取的。

　　出國不容易，到歐洲更難得；出發前暗暗盤算著，回程時一定要順道去親踏奧德利赫本的足跡去「許願池」丟下三枚銅板許個願。那只敢和家人和同行者共享這春秋大夢，因為要是給「人二室」察覺，非但忠貞度會被懷疑，前途也會受到影響，當然，這一趟行程更會「因故」泡湯。因為當時政府最怕的就是出國人員，尤其是像我們這樣的公務技術人員不按照「規矩」行事，所以出國者不得有非份之想，違者即使不致連誅九族，但至

少會害得許多相關長官乃至家屬遭到「連坐」之災。

　　五月間，正值北歐的春暖花開季節，在回國途中實在難以捨棄那羅馬行之貪念。於是利用「將在外」奈何不得我的條件，一紙「簽呈」以要順道到德國考察為由，向台北請了幾天「路程假」，而終於得以圓了「羅馬假期」夢。

　　到達羅馬旅店，已是午後時分，因為那噴泉所在距離不遠，即以自助方式，手持旅遊指南，按圖索驥，穿越大街小巷，最終在市區裡一個不算廣闊的廣場，見到那名聞遐邇的噴泉。

　　那時已近意大利初夏的黃昏，一進廣場，聽到的是萬馬奔騰般的滂湃，看到的是氣勢萬千的澎湃，頓時一股帶有勝利的激動和興奮，情不自禁地湧上心頭。靠近池邊，一陣微風在我臉上吹上了幾點泉水，使我疲乏的身心為之一振，連忙在人潮中找到當年奧德利赫本站的位子，照著她的模樣，投下了三枚現在不記得多少「里拉」的銅幣，並且許了三個願。

　　其中的一個願是，有朝一日能陪伴學建築的另一半到這建築界視為聖地的羅馬來朝聖。「許願」本來只是個希望「願境」成真的期待，尤其在當時的台灣要此夢成真，決非易事；即使管制不那麼嚴，一個育有三個幼年兒女的公務員母親要出國觀光，也只好寄情於「願望」。不過她對我許的願倒非常重視和期待。

　　三十五年來，雖然已在海外定居二十年有餘，出門

旅遊早就不成問題，「羅馬 e 假期」卻屢屢錯過，多年來她一直揶揄我不守承諾，甚至質疑我是否真的在那裡許過這個願。

那年的八月，洗涮這不白之冤的機會終於來到，我們向一個要在十二月初出發到意大利的旅遊團報了名，並在九月上旬繳了定金。不料我們正在興致緻沖沖編織著美麗的故事的時候，九一一兩架民航機向世貿大樓撞碎了我們即將實現的美夢，「羅馬假期」之行只好就此暫時叫停。

不過我們深信，美國是個打他不倒的巨人，他還是會為我們完成這個心願，讓我們去渡這個「羅馬假期」的。皇天不負苦心人，今年我們慶祝元旦居然是在羅馬，當然「許願池」是旅行團為為我們安排必然要去的景點。

我站在「許願池」旁向太座證明，我當年是許了願的。今年恰巧是我們的「金婚」週年，此行就算是咱們的「蜜月旅行」吧！

我倆站在那裡又同聲許了一個「天下太平，人類幸福」的願。同時還企盼我們的「鑽石」週年再到這裡來度過。

【文薈】

2004

第十篇　街頭巷尾

可憐不等於同情

── 從一位大陸留學生的搬家說起

鐵　夫

　　前不久一個星期六的下午，正要開車到郵局去上班時，突然發現在我家門口人行道上，放置兩個裝滿野餐殘渣的垃圾袋。因從其「內容」缺乏線索可尋，故無法知道「失主」為誰，這顯然是捉狹鬼故意棄置害人的。由於下一次收集垃圾要到星期二的清晨，為怕在星期一之前被警伯送上罰單，只好摀著鼻子、摒住氣，將兩包「寶貝」提進了自家院子。自此之後，就經常暗地注意，希望能找到個「現行犯」；尤其每逢星期六，更加注意，以期「黃道殺手」（此時正傳有殺手選黃道吉日下手）擇「吉」而來，好抓他個正著。

　　三天前，也是個星期六下午，在二樓換上工作服後，習慣地撩起窗簾，往自家門前的人行道望上一眼；不料居然發現在電燈柱旁又放了一盞陳舊的臺燈，一台祖母級的小電視機和一塊桌面大小、且呈明顯斑剝的木板。急忙下樓，追問剛才從外面買報回來不到三分鐘的老

伴，有沒有看到這些雜物，她的答案是否定的。就這短短的三分鐘內，又給人家「擺上一道」，著實氣惱不已，尤其由何「種」人所爲，都無以「猜」想，更是覺得窩囊！對老伴嚷嚷幾聲後，上班時間已到，擬出門將這等「寶物」請進自家院子後再發車起步。孰料當我將前門一打開，那裡又多了三個超級市場的購物袋。「現行犯」又未逮著，令我氣結敗壞，恨聲連連。如不是急著趕路，真想召警伯前來偵辦一番，至少可以請他證明，這爛污不是我所撒。

　　從三個購物袋上的方塊字看來，十之八九可斷定這些東西爲我同胞所有，但又希望這些惡作劇只是「洋蠻」所爲。我當時想，既是購物袋，也許從其內容中尋出一點蛛絲馬跡來。當逐袋打開檢視時，發現裡面所裝竟是剛從超級市場買回來的大白菜、罐頭等食品。哇！那不是偷兒失風、落荒而逃時，所拋棄下來的「贓物」嗎？這可千萬不能將之移到私宅範圍來自找麻煩！正在喊老伴也來作個見證之際，只見從遠處急步跑來一位華人青年。他非但對我檢視購物袋表示「費解」，對我的「質疑」（問他爲何將這些東西放在我家門口？）也表示不以爲然。不過他說那些不是要丟棄的物品，更不是贓物，只是在「搬家」途中，放它們在我家門口「歇歇腳」而已。

　　看樣子他是個從大陸來、而是附近念書的留學生，現正在從隔五六條街口的地方搬到本街街口來，因爲東西不多，同時答應用車來幫忙搬運的朋友爽約，所以「單」

獨用「空手」來搬家。由於憑他「一」人的雙手無法將所有「東西」一次搬完（其實，如果有架較大的 SHOPPING CAR 一次就可解決）又怕兼顧不到兩「頭」，於是就用「步步為營」的方法─在其視線範圍內，邊移邊設中間站，用雙手將所有的「家當」一站又一站接駁過來。我家門口的電燈柱就是他設立的一個中間站。我見他這樣的搬家實在太辛苦，很想用車幫他一程，但他因為這已是最後一個中間站，同時東西也已經搬得差不多，所以未領我這個「情」，於是我只好開著車去上班了。

這位大陸青年朋友的「搬家」情景，正反映出我中華民族同胞堅韌不拔、刻苦耐勞、能適存於世界每個角落的能耐與精神，我原來對他寄於十分「同情」的，可是次日與一位多年來一直熱心服務於新僑社區的人士，在電話裡閒聊後，得悉了許多有關部份大陸來的新僑，在此地過份「刻薄」、「貪婪」而導致不受歡迎的故事。於是我想原來對這位青年所給與的十分「同情」，應該因此修正為十分「可憐」才比較恰當。

【美東時報】
1990-12

四個柚子

景　亮

　　禮拜天，駕車載老伴到緬街的超市去買菜，到達時，路邊都已停滿車，只好在外側停下。怕被罰，我則在車上等她。

　　在我內側是一輛較長的白車，它前後是兩輛小車，顯得它佔的位子很寬。在我前面則是一部準備卸貨的貨車。

　　我才停下，內側那輛長白車就開離；留下的一個寬車位，本來由我去佔，是理所當然的事。但我並未行動，因老伴就要買完菜出來，怕一旦開了進去，給後來的車擋住去路，待會要開出時，還得費番週折，故而猶豫不決地暫停在那個缺口外側。

　　正遲疑間，前面的卡車司機出現在我車前，指指那空位，問我是否要這個車位？本來，讓他開進去，對我沒有損失，對他可要方便太多。可是當我一眼望去，他竟是個平時不愛看到的「阿米哥」族類，我立即板著面孔點點頭，表示是要這個位子。

　　原來，我只想要藉此看到他那副失望、無奈、生氣

的嘴臉，而自得其樂一番。不料，他非但未稍有慍色，反而笑容可掬地表示已經知道，而轉過身準備去卸貨了。

頃俄間，我只覺得自慚形穢，對「阿米哥」的成見也立即消除殆盡。當他再轉身面向我時，我即刻示意可將車位讓給他。

此刻，看他稚真的憨笑，加上他顯露的感激之情，真後悔自己原先的愚昧。

他倒車時，在他內側的小車趁機在他前方開出，於是我將車開到他前方，想等他停妥後，再停進那小車位；可是他車子停下後，居然未給我留下空間；我氣惱地想：阿米哥還是阿米哥。當他再來向我表示感謝時，我卻怒目相詢，為何要過河拆橋，他立即會意而很抱歉地指指後方說：NO MORE ROOM，我順他手勢往後一看，的確已沒有空位了；於是陪了他個笑臉，表示理解。他再度前來拍拍我車窗，表示感謝，接著就在我視線內消失。

過不一會，從照後鏡看到他手上捧著東西又走向我來，我打開門問他又有何事，他沒回答，卻順勢將手上捧著的東西往我懷裡一放，笑著擺擺手，逕自往後走去幹他的活了。

那是「四個柚子」，雖值不到一塊美金，我倆回家吃起來卻覺得特別甜美。可惜沒有來得及向這位「阿米哥」說聲謝謝。

【世界日報】

1998-07-08